世界標準のスイングが身につく
科学的ゴルフ上達法　実践編

板橋 繁　著

ブルーバックス

本書でご紹介する上達法を実践していただくために、
動画等を掲載した特設サイトを開設しました。
下記のQRコードを読み取ってアクセスしてください。

QRコードが読み取れない場合には、下記のサイトにアクセスしてください。

http://bluebacks.kodansha.co.jp/books/9784065191637/appendix/

（QRコードは㈱デンソーウェーブの登録商標です）

●カバー装幀／芦澤泰偉・児崎雅淑
●写真撮影／浜村達也・村田克己
●動画撮影・編集／浜村達也
●撮影協力／那須国際カントリークラブ・鎌ヶ谷カントリークラブ
●構成協力／水品壽孝
●企画協力／中村真紀恵
●本文デザイン・図版制作／鈴木知哉＋あざみ野図案室

はじめに

２０１９年４月に刊行した前著『世界標準のスイングが身につく科学的ゴルフ上達法』は、わずか半年足らずで５万部を突破しました。ゴルフの理論書としては、異例の数字だと聞いています。欧米のゴルフ界で現在、主流になっているスイングへの関心の高さには、正直にいって、私自身もおどろかされました。

同書で指摘したとおり、日本のゴルフは完全に〝ガラパゴス化〟しています。すなわち、

- リストターンを使う
- 身体を止めてヘッドを走らせる
- クラブは立てて使う
- スイングの支点はグリップ
- トップのポジションを意識する
- インパクトはアドレスの再現
- クラブは身体の正面にある意識で
- 振り遅れないように意識する

これらの理論はいずれも、日本のゴルフ独特のもので、欧米のレッスンで耳にすることはまずありません。前著で、〝間違いだらけのジャパニーズ・ゴルフ〟と表現したゆえんです。

欧米の名だたるプロ選手が実践し、私が生徒さんたちに教えているゴルフは、まったく違います。

- リストターンしない
- 身体の回転でヘッドスピードを上げる
- クラブを寝かせてから振る
- スイングの支点はクラブの重心位置
- トップはまったく考えない
- グリップをヘッドよりも先行させる
- ヘッドはいつも身体の背中側にあるイメージ
- 振り遅れるイメージが大切

前著を手にされた読者のみなさんはおそらく、いずれも初めて耳にするようなことばかりでおどろかれたことと思います。しかし、これこそがいま「世界標準」となっているゴルフスイング、すなわち、超シャロー（ヘッドの入射角がきわめて浅い）に、右軸で「まーるく」振る（身体の回転を活かした）スイングを生み出すメソッドなのです。

第1弾と位置づけた前著では、世界標準となっている最新スイングのメカニズムを紹介し、それを習得するための方法＝「G1メソッド」を詳しく解説しました。いわば、「基本編」といっていいでしょう。

それに対して、第2弾となる本書では、G1メソッドで世界標準のスイングを習得し、それをフル活用してコースでのラウンドでスコアを縮めるための「実践編」です。

第1章の「世界標準のスイング」では、前著で詳しく解説したG1メソッドのエッセンスを紹介します。前著を未読の方も、この第1章を読めば、G1メソッドの概要がつかめるようなつくりになっています。

第2章の「世界標準のドライバー」では、G1メソッドの特に重要なポイントをピックアップ。これを徹底的にマスターすることでスイングの完成度を高め、ドライバーを「真っすぐ」「遠くに」飛ばすことを目指します。

G1メソッドでは、ドライバーからウェッジまで、基本のスイングはすべて同じです。変化するのは、ボールの位置だけ。スイング自体を変えることはありません。ドライバーショットには、G1メソッドのすべてが凝縮されています。すなわち、ドライバーを「真っすぐ」「遠くに」飛ばせるようになることこそ、G1スイングをマスターすることにほかなりません。

第2章ではまた、前著で紹介したG1スイングをさらにパワーアップさせるメソッドも新たに盛り込みました。そこでは、前著を読み、G1スイングの体得にチャレンジされている方が、メソッドの内容を誤解して「やってしまいがちな誤った動き」についても詳しく解説しています。

すでに前著を読まれた方も、新たに紹介したドリルをおこないながら、その一つひとつの動きを確認することで、G1メソッドに対する理解をさらに深めていただきたいと思います。

第3章から第5章では、前著に収録できなかった実践的なテクニックを紹介しています。

第3章の「世界標準のアイアン」では、フェアウェイでの素振りのやり方をはじめ、ドローとフェードの打ち分け方、左足上がり／左足下がりなど傾斜への対応法、フェアウェイバンカーやラフにボールが入ったとき、あるいは林にボールが入ったときの脱出法など、より少ない打数で確実に「グリーンに運ぶ」ためのテクニックを紹介します。

ショートゲームでお悩みの方には、第4章の「世界標準のアプローチ」が役立ちます。基本のアプローチであるピッチ&ラン、低い球足でスピンを効かせるチップショット、ボールを上げるロブショット、バンカーショットから、G1メソッド独特のアプローチである「ヘリコプター」や「ブラッシング」「タラタラ」まで、さまざまなテクニックをご紹介します。

いずれも、今日のラウンドからすぐに活用できる、超実践的なテクニックばかりです。おどろくほど「ピタリと寄る」技法をぜひ、習得してください。

前著で詳しく解説し、G1メソッドの象徴的なキーワードでもある「裏面ダウン」は、じつをいうと、ラフやバンカー、あるいはつま先上がりや左足下がりの傾斜など、コース上のさまざまな場面でその威力を発揮します。基本のG1スイングを習得したうえで、裏面ダウンをいろいろなシチュエーションで応用すれば、ミスが大幅に減り、スコアアップにつながることは間違いありません。

最終の第5章「世界標準のパッティング」では、パッティングのルーティンから具体的な打ち方まで、動きの細部を細かく分解して解説します。

G1メソッドのパッティングは、日本で主流になっている「振り子型」ではありません。いま、世界のトッププロたちがこぞって採用している「押し型」です。

両者の違いはなにか？　その詳細は本文に譲りますが、この章もまた、〝ジャパニーズ・ゴルフ〟に慣れ親しんだみなさんにとっては目からうろこのはずです。「低く押す」パットでカップにねじ込む秘訣を紹介しますので、ぜひ楽しみにしていてください。

本書で紹介する内容がゴルフ愛好家のみなさんのテクニックを向上させ、スコアアップにつながれば、それ以上の喜びはありません。「実戦に強い」と定評のあるG1メソッドで、ゲームメイクを存分に楽しんでください。

それでは、さっそく「実践編」のレッスンを始めましょう！

CONTENTS

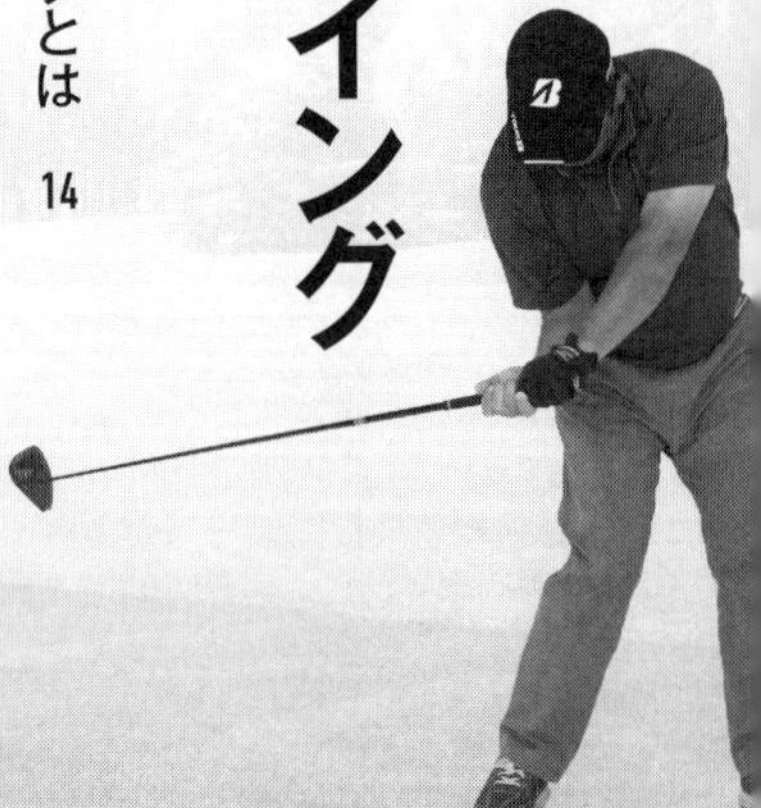

第3章 世界標準のアイアン

——最少打数で「グリーンに運ぶ」テクニック 101

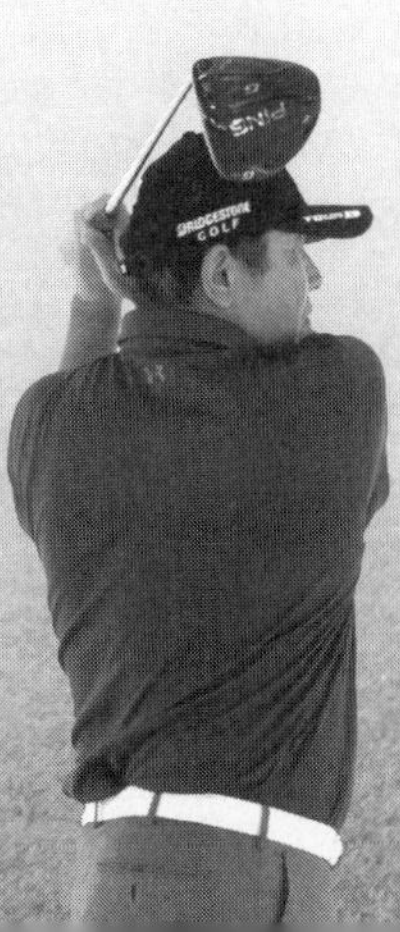

第4章

世界標準のアプローチ

――おどろくほどピンに「ピタリと寄る」技法

第5章

世界標準のパッティング

第1章

世界標準のスイング

——G1メソッドの基本

1-1 G1メソッドのスイングとは

トッププロのスイングを再現する方法

動画配信サービス「YouTube（ユーチューブ）」の開始とともに、ベン・ホーガンやジョージ・ヌードソン、モー・ノーマン、ケン・ベンチュリーといった、希代のボールストライカーたちのスイング動画を目にすることができるようになって大興奮したことを覚えています。それを境に、ストライカーたちのスイングの「CODE（コード）」探しが始まりました。

英語の「コード」には、「規則」や「規定」という意味があります。レストランなどで使う「ドレスコード」という言葉も、その用法の一つです。

ここでいう「スイングのコード」も、スイングの決まりごと、すなわち、前記の名選手たちのスイングに共通している要素という意味です。ユーチューブの普及を機に、世界中のスイング研究者たちが、彼ら希代のボールストライカーたちのスイングに共通している要素＝コード探しを競うように始めたのです。

かくいう私も、その一人です！

そして、ホーガンを中心とした名選手たちのコードを模索していくなかで、あることに気づきました。たとえば、「腕でボールをひっぱたくのではなく、肩と腰の捻転差を効かしたボディターン中心のスイング」「トップは出前持ちではなく、左手首が甲側に折れている」「トップでの右手首とシャフトでつくられる角度を崩さずに、クラブを体に巻きつけて下ろすには右腕の使い方が大きな役割を果たす」などが、彼らに共通している要素であることがわかったのです。詳しい内容についてはのちほど解説しますが、これらのコードはいまや、世界のスイング研究者たちの共通理解、すなわち世界標準のスイングの構成要素になっています。

そして、このスイングのコード＝ボールストライカーたちに共通している動きを実現させるための方法が、私の提唱するG1メソッドにほかなりません。G1メソッドでゴルフスイングを再構築すれば、あなたも希代のストライカーたちと同じメカニズムでボールを打てるようになるのです。この章では、そのG1メソッドに基づくスイングについて、始動からフィニッシュまで、スイングの一連の流れを紹介していきます。

具体的な解説に入る前に断っておきたいことがあります。

これから紹介するG1メソッドの一つひとつの動きは、実際にスイングしたときのクラブの動きを忠実に表現したものではない、ということです。どういうことでしょうか？

ゴルフスイングには（そしてそれは、あらゆる運動、身体動作に共通することでもありますが）、「頭の中で思い描くイメージ」と「実際の身体の動き」とに〝ギャップ〟があります。そのため、たとえばトッププロの連続写真を見てその形を正確にまねしたとしても、実際のスイングはまったく違ったものになってしまいます。じつは、頭の中ではまったく異なる動きをイメージすることで初めて、トッププロたちと同じスイングを再現できるのです。

そして、名だたるトッププロたちが実践している世界標準のスイングを体得するための「まったく異なる動き」こそが、私が提唱しているG1メソッドにほかなりません。「ゼロトップ」や「裏面ダウン」、「ハンマー投げ」といったG1メソッド特有のキーワードは、「頭の中で思い描くイメージ」を「実際の身体の動き」へとつなげるための役割をはたしてくれるのです。

G1メソッドの体の使い方、クラブのさばき方を理解し、繰り返し練習して体得すれば、超シャローでまーるく振る、現在の世界標準となっているスイングが自然とできるようになります。

バックスイングにおける「絶対NG」とは？

バックスイングは、両肩の真下に手がぶら下がっている、リラックスした状態からスタートします。両腕の力を抜き、象の鼻のようにブランブランと両肩の下に垂れ下げてください。

そのリラックスした状態から、まず右足かかとを踏み込みます。右足かかとを踏み込んだら、次に背骨を軸に背中をねじっていき、一瞬遅れてクラブヘッドが動きます（図1－1上）。

身体を動かす順番＝シークエンスが、右足かかとの踏み込み↓背中のねじり↓クラブヘッドで

1-1

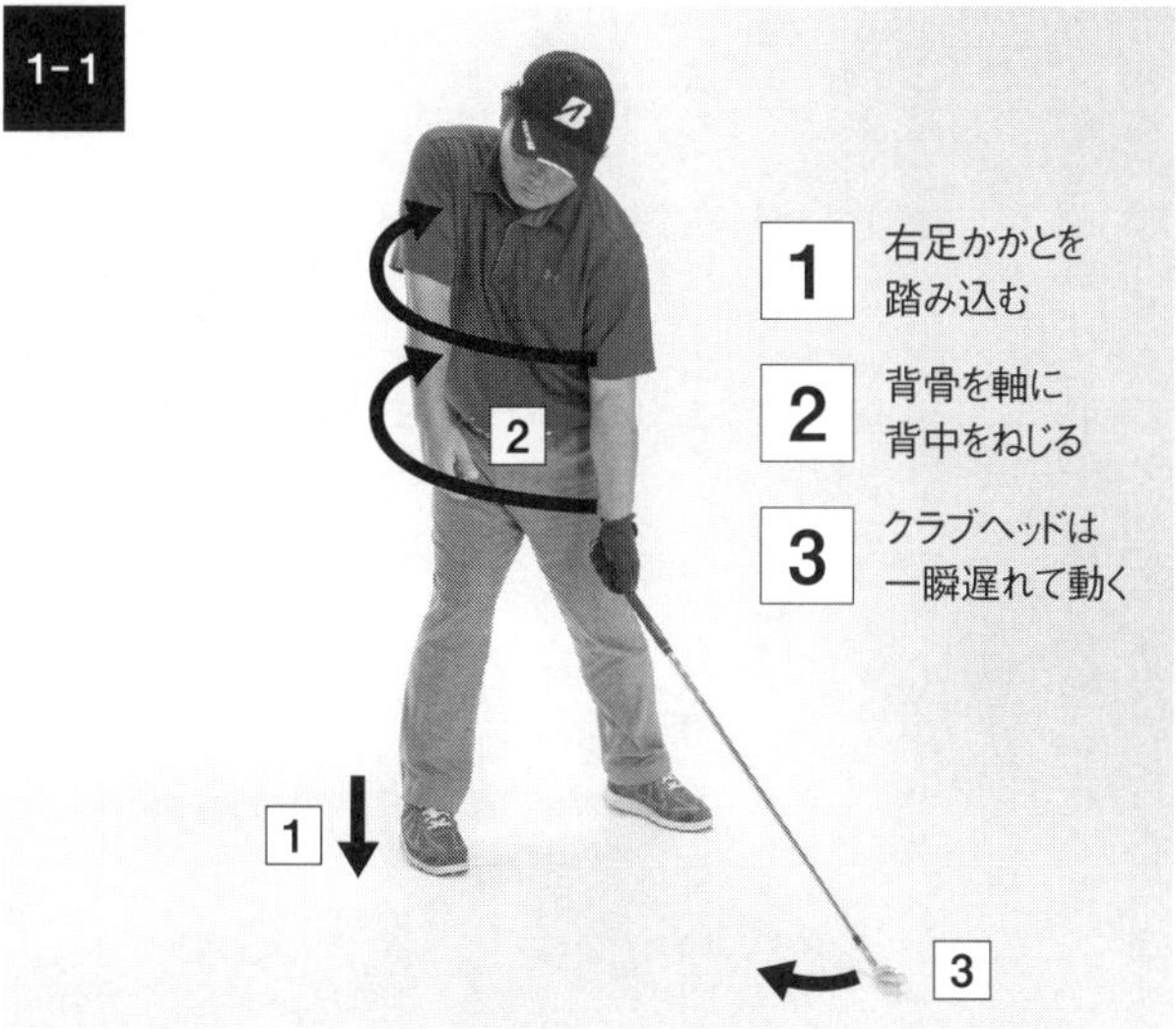
1
右足かかとを
踏み込む
2
背骨を軸に
背中をねじる
3
クラブヘッドは
一瞬遅れて動く
2
1
3

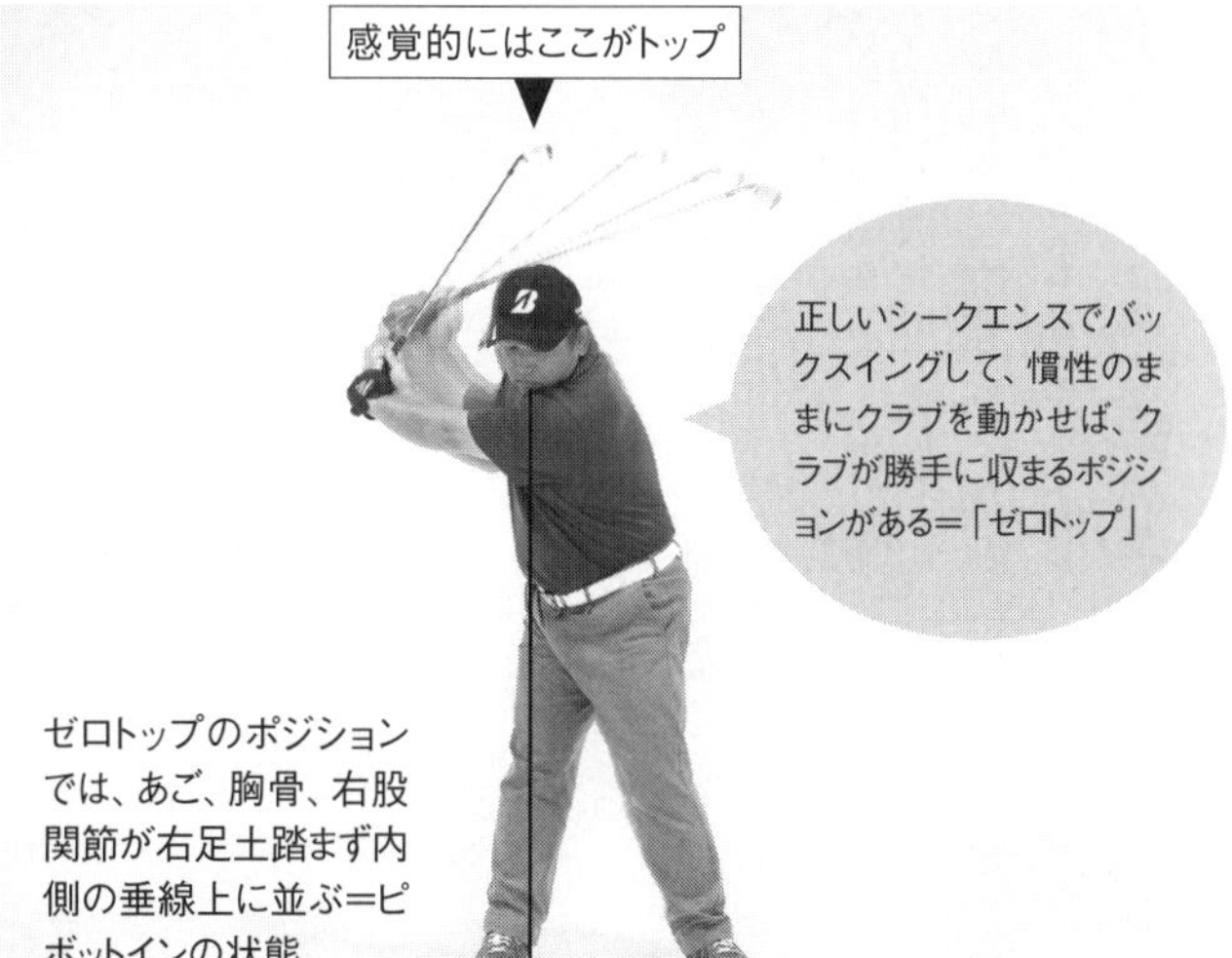
感覚的にはここがトップ
正しいシークエンスでバックスイングして、慣性のままにクラブを動かせば、クラブが勝手に収まるポジションがある=「ゼロトップ」
ゼロトップのポジションでは、あご、胸骨、右股関節が右足土踏まず内側の垂線上に並ぶ=ピボットインの状態あることが、ここでのポイントです。実際には、ほぼ同時進行でおこなわれますが、最初に手を動かすのは絶対にNG。絶対に、能動的に手から先に動かしてはいけません。

この順番でバックスイングができると、あえてクラブを上げようとしなくても、勝手にクラブが上がっていき、右耳と同じぐらいの高さにグリップが収まります（図1－1下）。これが、私のいう「ゼロトップ」です。トップの位置を意識しなくても、正しいシークエンスでバックスイングし、慣性のままにクラブを動かせば、勝手にこのポジションまでクラブは上がります。トップのポジションにクラブが収まったとき、体の正面から見て、あご、胸骨、右股関節が右足土踏まず内側の垂線上に並びます。胸骨は、胸の中心を縦に走っている骨のことです。G1メソッドでは、この状態を「ピボットイン」とよんでいます（図1－1下）。

この、右足土踏まずの内側を起点とした地面の垂線に、あご、胸骨、右股関節が一直線に並んだラインがG1メソッドにおける「スイングの軸」です。すなわち、G1メソッドのスイングは右軸です。

こんどは、飛球線後方からトップのポジションを確認しましょう（図1－2上）。

ここでのポイントは、右前腕部の角度です。右前腕部の傾きと上半身の前傾が同じ角度になり、右前腕部と背骨のラインが平行になるのが正しいポジションです。シャフトはターゲットラインと平行になるのが基本。両ひじの間隔はアドレスをしたときのまま保たれています。

1-2

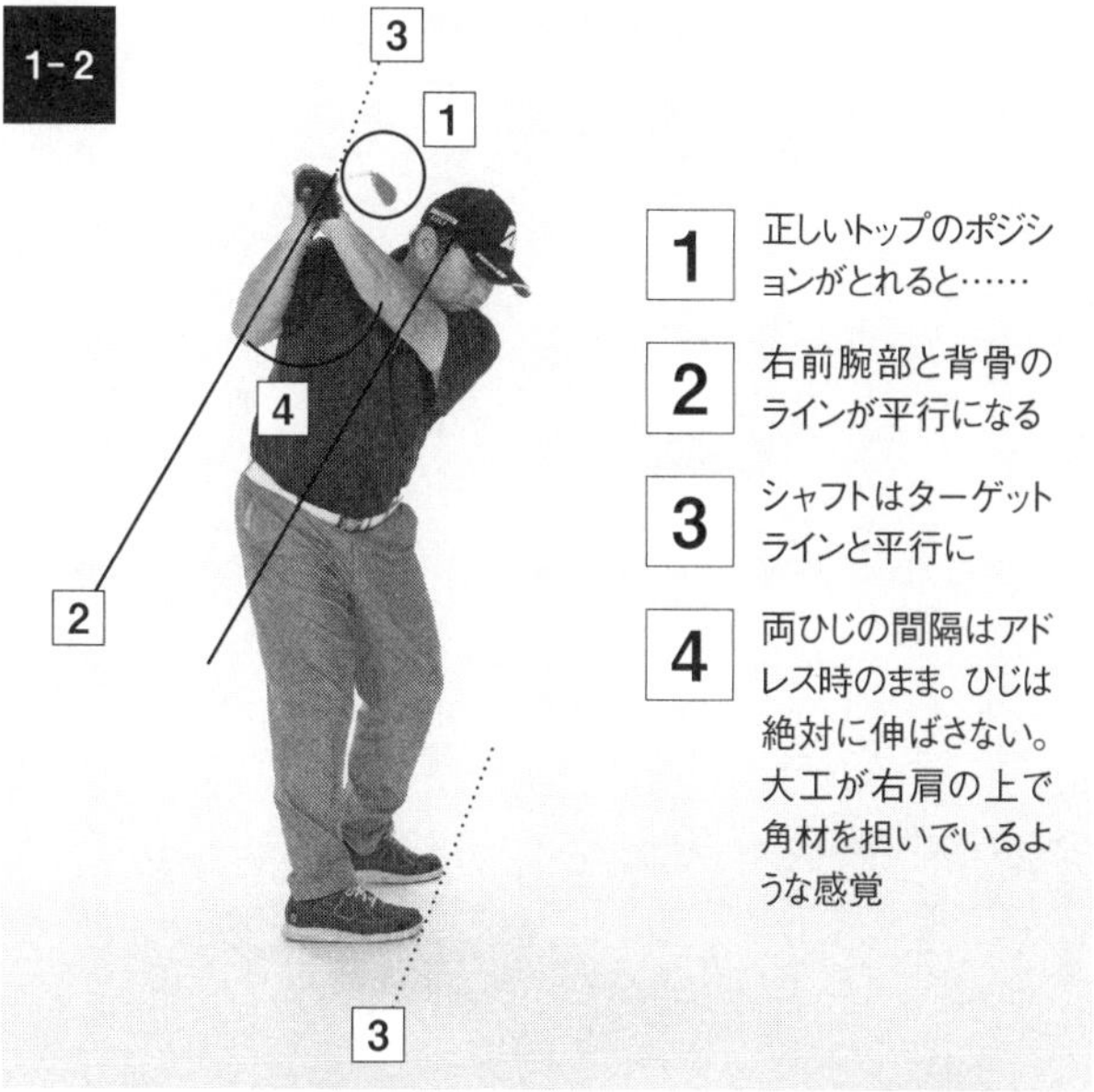

1 正しいトップのポジションがとれると……

2 右前腕部と背骨のラインが平行になる

3 シャフトはターゲットラインと平行に

4 両ひじの間隔はアドレス時のまま。ひじは絶対に伸ばさない。大工が右肩の上で角材を担いでいるような感覚

両ひじを開いたり閉じたりすることができるくらい、腕の力を抜くのが世界標準

このとき、腕の力がしっかり抜けていて、両ひじをパコパコと動かして近づけたり離したりできる余裕があると、クラブが体に巻きつき、回転スピードも上がります（図1－2下）。

正しいトップができると、右ひじを右脇腹の前に入れやすくなります。すると、クラブヘッドは勝手に背中側に落ちていってくれます。

重要なのは、トップでは右ひじを絶対にしぼらないことです。右ひじをしぼって前（胸側）に出すと、右前腕部が地面と垂直になってしまい、クラブヘッドがターゲットラインよりも左を指すレイドオフになります。レイドオフのトップからクラブを降ろそうとすると、右ひじを動かせる範囲が小さくなって右サイドが詰まり、右肩が前に出てしまいます。こうなると、クラブヘッドが前に出てしまい、クラブヘッドを背中側に残したまま振ることができません。

「裏面ダウン」はなぜ重要なのか？

切り返しでは、トップでできた右腕とシャフトの角度を崩さずに、右肩の上に倒れ込んでいくクラブの重さを感じながら、胸の面を開かずに右足の拇趾球で地面を押し込み、左股関節を切り上げます。そのとき、クラブヘッドの裏側を地面に向けてクラブをストンと腰の高さまで落下させる動きが「裏面ダウン」です（図1－3）。

この章の冒頭で指摘した「頭の中で思い描くイメージ」と「実際の身体の動き」とに〝ギャッ

1-3

G1メソッドの最重要キーワード「裏面ダウン」

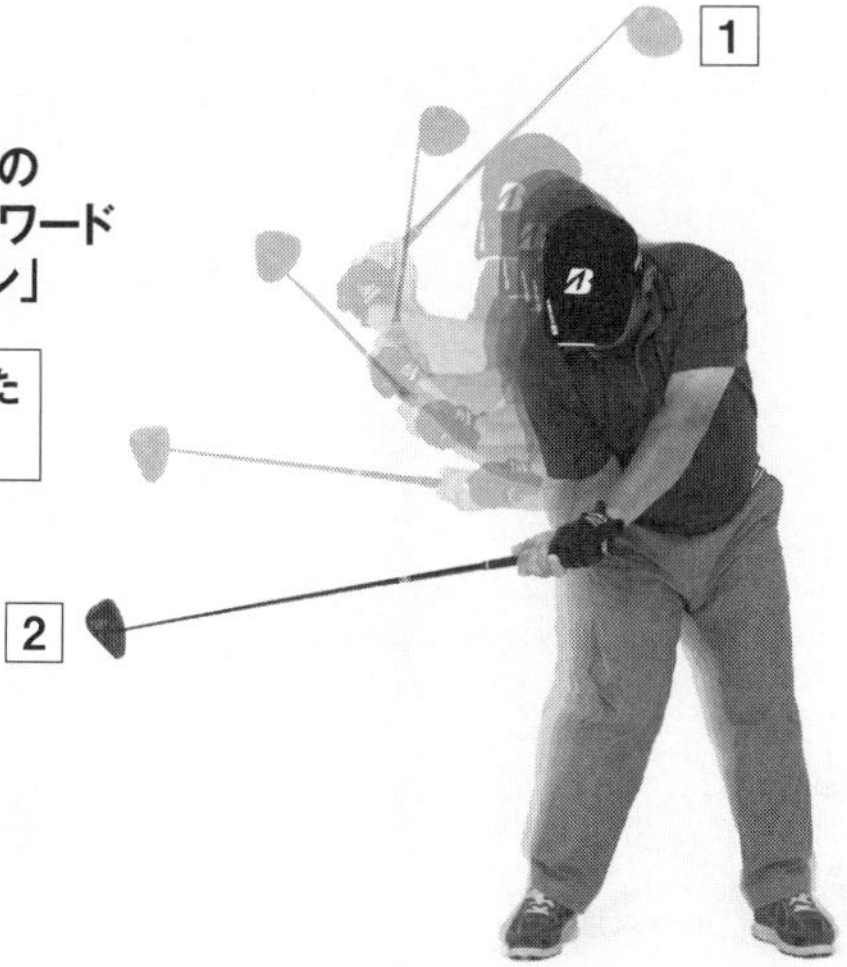

正面から見たようす

1

右肩の上に倒れ込んでいくクラブの重さを感じながら、胸の面を開かずに右足の拇趾球で地面を押し込み、左股関節を切り上げる

2

クラブヘッドの裏側を地面に向けて、クラブをストンと腰の高さまで落下させる

後方から見たようす

プ〟がある、という話を思い出してください。G1メソッドの要《かなめ》の一つである裏面ダウンもまた、このギャップを埋めるための重要なイメージです。

クラブを腰の高さまで落下させようとすると、身体の右サイドの側屈《そっくつ》（68ページ参照）とヘッドの重みが加わることで、クラブヘッドは右ひざの高さまで落下します。

裏面ダウンでは、この、クラブヘッドが右ひざの高さまで落ちる感覚が大切です。繰り返しますが、実際の動きでは、身体の回転によって横への動きが加わるため、そこまでヘッドが落ちることはありません。しかし、「右ひざの高さまで落ちる」イメージを持ってスイングしないと、胸の開きが早くなってしまい、正しいインパクトができなくなってしまうのです。

スイングのイメージを具体化する「二つの時計」

「頭の中で思い描くイメージ」と「実際の身体の動き」のあいだで生じるギャップを埋めるために考案した、G1メソッドならではの〝道具〟をご紹介しましょう。

「頭上時計」と「正面時計」です。

頭上時計とは、丸形のアナログ時計の上に立った自分を頭上から見下ろしているイメージのことを指します（図1－4上）。アドレスしたときの身体の正面が12時、真後ろが6時、右が3時、左が9時で、時計の中心はクラブヘッドになります。G1メソッドでは、この頭上時計を使

1-4

頭上時計

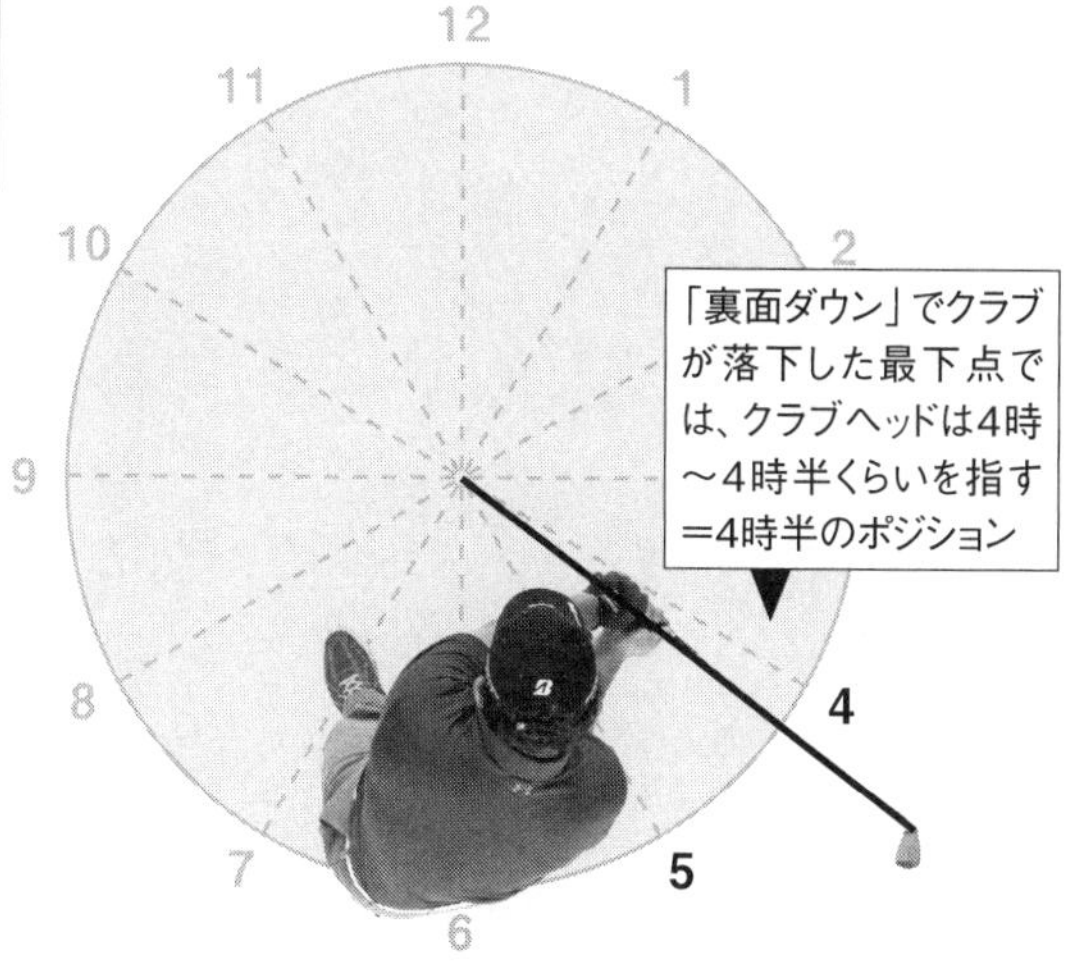
12
1
2
4
5
6
7
8
9
10
11
「裏面ダウン」でクラブが落下した最下点では、クラブヘッドは4時～4時半くらいを指す＝4時半のポジション

正面時計

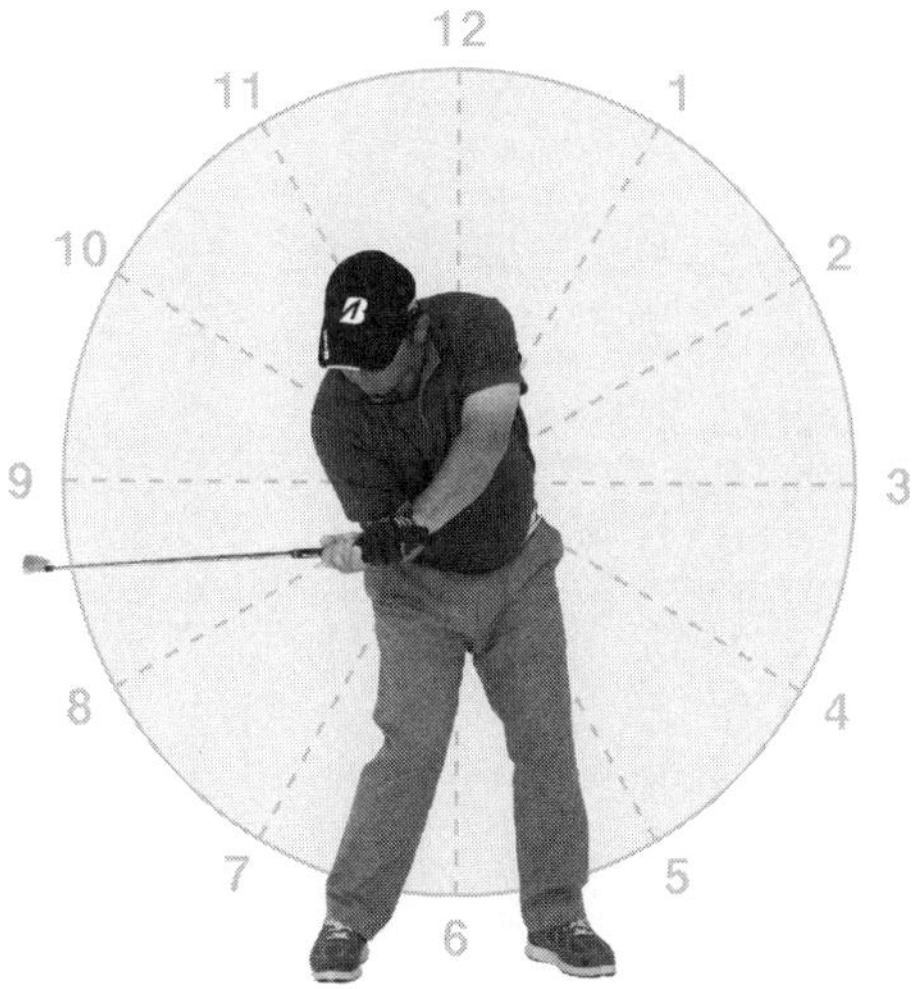
12
1
2
3
4
5
6
7
8
9
10
11

って、クラブのポジションなどを説明することが多いので、しっかりと頭に入れておいてください。

一方の正面時計は、背後に背負ったアナログ時計を、身体の正面から見ているイメージです（図1－4下）。正面時計では、頭側が12時、足側が6時、右（ターゲット方向）が3時、左（バックスイングの方向）が9時になります。こちらは、アプローチの距離感をつくるときなどに用いますので、あわせて覚えておきましょう。

さて、裏面ダウンでクラブヘッドが最下点に達したとき、「頭上時計」で見ると、クラブヘッドは4時～4時半の方向を指します。これを「4時半のポジション」とよびます（図1－4上）。このとき、肩のラインと腰のラインの捻転差である「Xファクター」（28ページ図1－6上参照）が最大になります。

切り返しでは、なるべく胸が開かないように右足の拇趾球で地面を押し込み、左股関節を切り上げていきますが、下半身の動きと連動して、やや胸が開きます。トップではいったんターゲットと正反対の方向を向いた胸が、下半身の動きに引っ張られて約45度左を向くのです。

このとき、クラブのシャフトと胸のラインは平行になります。クラブヘッドが頭上時計で4時半の方向を指すということは、すなわち、ターゲットラインの斜め45度後方を指すということです。胸のラインが斜め45度後方を向けば当然、シャフトと平行になります。

インパクトを意識しない

ここからが、G1メソッドの真骨頂です。

裏面ダウンで胸のラインとシャフトが平行になった状態を保ったまま、自分の意識を飛球線後方斜め45度に向け、背中を180度、クルッと入れ替えます。ポイントは、4時半のポジションにおける右前腕部とシャフトの角度を崩さずに、クラブヘッドを背中側に残したまま振っていくことです。

G1メソッドでは、これを「背中越しターン」とよんでおり、スライス解消の特効薬です。背中越しターンでスイングする意識があれば、スライサーだった人もすぐにドローヒッターに変身できます。そのことは、私の生徒さんたちでも実証ずみです。

手を使ってヘッドを前に出したり、腕を返したりする動きはいっさいおこないません。シャフトと胸のラインを平行に保ったまま背中を180度入れ替えると、グリップエンドが最短距離で左腰を指しながらクラブが背中側に入れ替わり、飛球線とシャフトが平行になります(図1-5)。

G1メソッドでは、スイング中にインパクトを意識しません。インパクトの形などいっさい気にせずに、クルッと180度、背中を入れ替えることだけに集中してください。その途中に、たまたまインパクトがある感覚です。

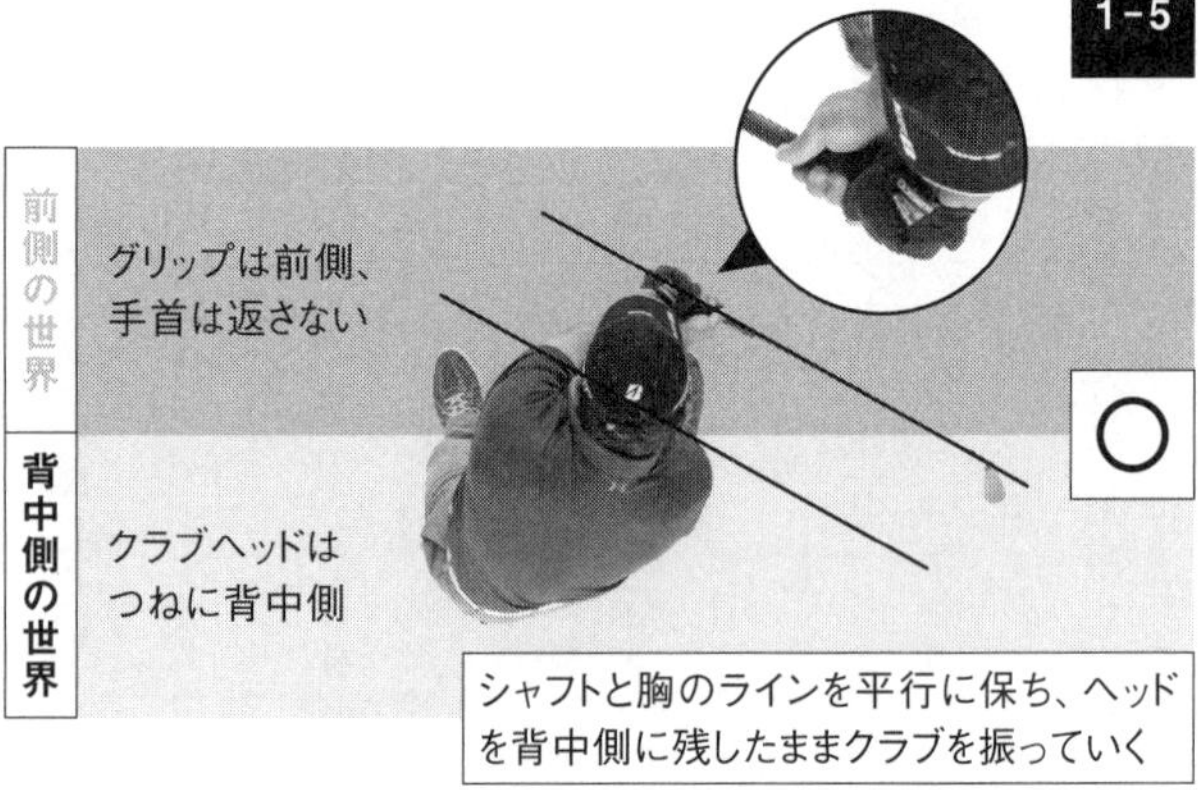
前側の世界
背中側の世界
グリップは前側、
手首は返さない
クラブヘッドは
つねに背中側
○
シャフトと胸のラインを平行に保ち、ヘッド
を背中側に残したままクラブを振っていく

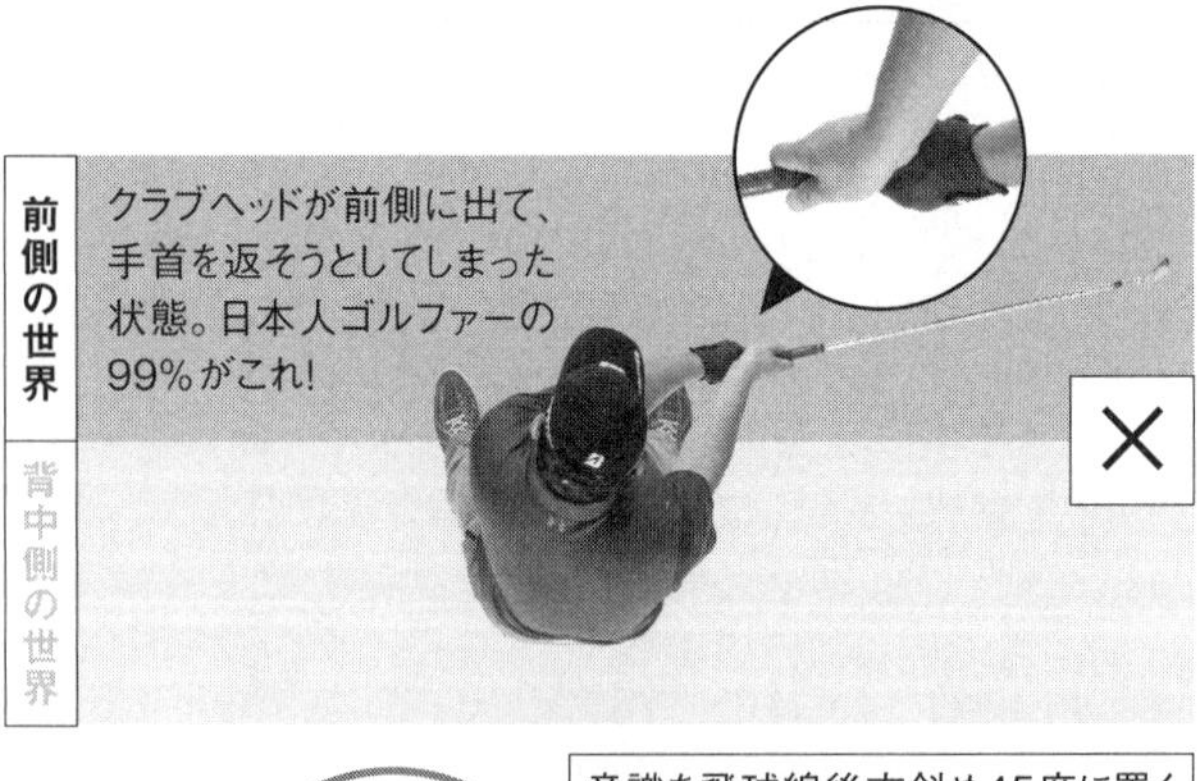
前側の世界
背中側の世界
クラブヘッドが前側に出て、
手首を返そうとしてしまった
状態。日本人ゴルファーの
99%がこれ!
×

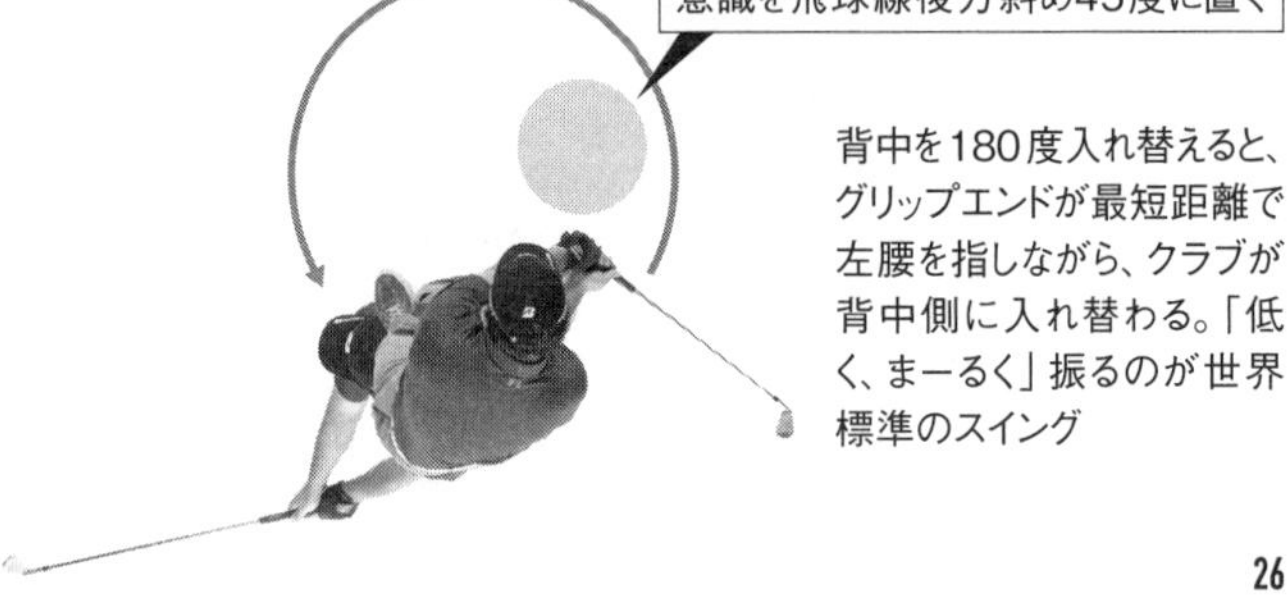
意識を飛球線後方斜め45度に置く

背中を180度入れ替えると、グリップエンドが最短距離で左腰を指しながら、クラブが背中側に入れ替わる。「低く、まーるく」振るのが世界標準のスイング

フォローでは一瞬、左手首の甲がまっすぐ伸びてフラットリストになり、正面から見て、左肩からクラブヘッドまで一直線になるポジションがあります。G1メソッドでは、このポジションを「Y字インパクト」とよんでいます（図1-6下）。

Y字インパクトでは、切り返しでつくられた肩と腰の捻転差（Xファクター）が解消され、胸とベルトのバックルが同じ方向を向きます。G1メソッドのスイングでヘッドスピードが最大になるのは、このY字インパクトのポジションにほかなりません。

フォローでは両ひじがそろい、体から離れません。両ひじがそろったままスイングレフト、すなわち、ターゲットの左に振っていきます。目標方向に腕を伸ばしてしまうと、ひじが体から離れます。回転していくクラブの遠心力に拮抗するようにクラブを身体に引きつけ、両ひじが体から離れないようにすることがポイントです。

フォローではクラブが立つ

左腕とシャフトがつくる角度を変えずに、左のお尻の裏側まで左手が移動すると、シャフトが飛球線と平行になるとともに、ヘッドにフワッと浮力が生じ、それまでずっとフェースを上に向けていたクラブが立っていきます。これがクラブの正しい動きです。フォローでクラブが立つのは、一流プレーヤーの証です。ベン・ホーガン、ジャック・ニクラウス、タイガー・ウッズな

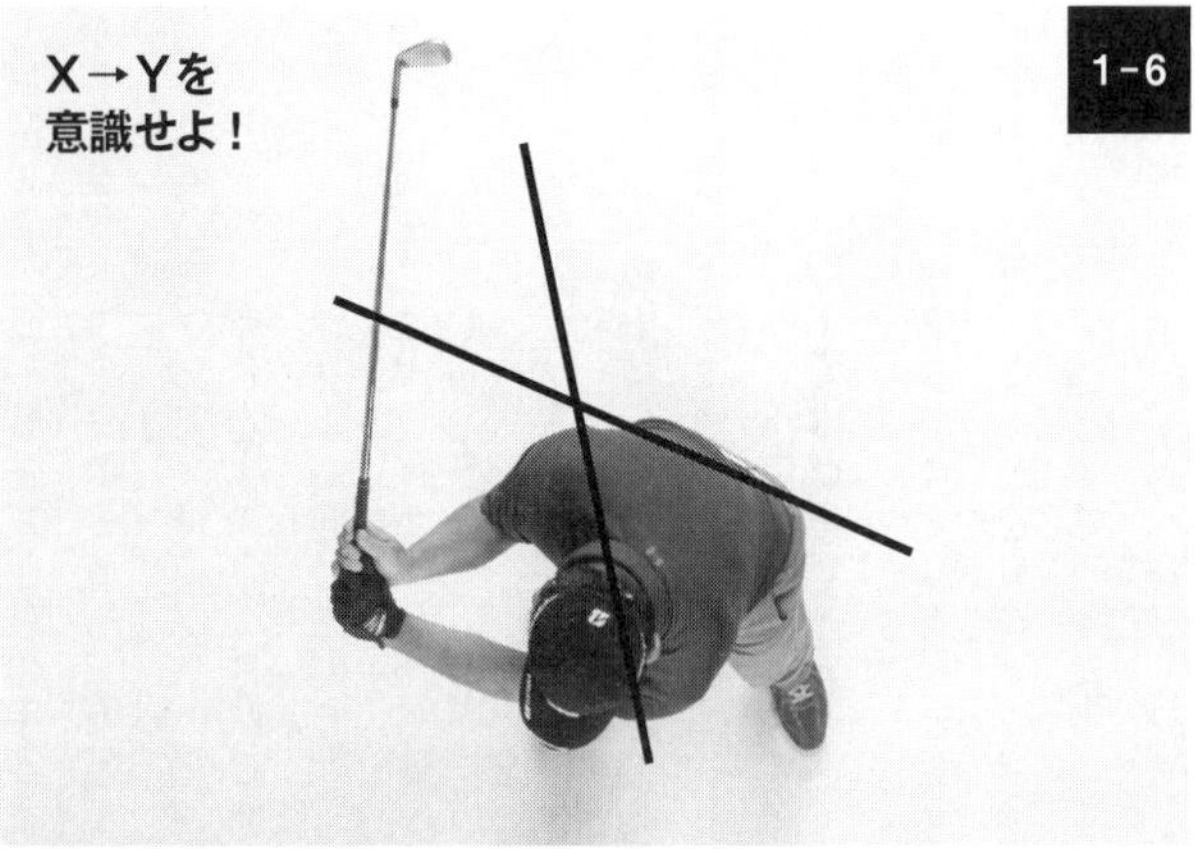

速い回転を生むための「身体のねじれ」＝捻転差が「Xファクター」。Xファクターが大きいほど、より大きい「ねじりのエネルギー」が生まれ、飛距離が伸びる

Xファクターで生じた「ねじりのエネルギー」が解消され、上半身と下半身が同じ方向を向く「Y字インパクト」。世界標準のスイングでは、このY字インパクトでヘッドスピードが最大になる。XがYに転じるこの瞬間が重要だ

ど、フェースローテーションが少ないプレーヤーはみな、フォローでシャフトが立ちます。

腕を返さずに、両ひじが体から離れないように正しくスイングできると、フォローでクラブヘッドが天を指し、シャフトが地面と垂直になったときに左手を開くと、手のひらが目標方向を向きます（図1－7）。

クラブの浮力でシャフトが立ってきて左手のひらが目標方向を向いたときに、左上腕部が外側に回り、左脇の後ろ側がしっかり締まると、クラブを自分のほうに引きつけてフェースをさらに開く感覚があります。

左脇の後ろ側がしっかりと締まって、蝶番のような役割を果たし、クラブの運動エネルギーを受け止めるので、このポーズは結構きついです。そのため、ゴルフの上手い人はたいてい、左脇の後ろ側の筋肉が発達し、隆起しています。このまま背中をさらに回して、構えたときの正面側を向くようにすれば、自然と招き猫ポーズのインバランスフィニッシュになります。左手の前腕部が直立し、手のひら側が目標方向を向いた招き猫の形です（図1－8）。

以上が、前著でも紹介したG1メソッドにおけるスイングの流れです。この世界標準のスイングを体得できれば、飛距離アップは間違いなし。体への負担も小さいので、ケガや痛みに悩まされることなく、生涯スポーツとして長くゴルフを楽しむことができます。

1-7

ノーリストターンで両ひじが体から離れないように正しくスイングできると、フォローでクラブヘッドが天を指し、シャフトが地面と垂直になる瞬間がある

この状態で左手を開くと、手のひらが目標方向を向く。左上腕部が外側に回り、左脇の後ろ側が締まってクラブのエネルギーを受け止める

1-8

1　グリップは左耳の横にきて、左手のひらと右手の甲が前方（ターゲット方向）を向く

2　左腕の前腕部は、地面と垂直にまっすぐ立つ

ゴルフの上達を阻害する「第一要因」とは？

次章に移る前に、もう一つだけ確認しておきたいことがあります。アドレス時のポスチャー＝姿勢です。

私が見たところ、ほとんどの日本人ゴルファーは間違ったポスチャーでアドレスしています。前著を読んでくださった方にも、間違ったポスチャーで構えている方が散見されました。「姿勢よく構えよう」とする意識が強すぎるからか、飛球線の後方から見たときに、お尻を高く上げて、背中を反《そ》らすように構えているゴルファーが非常に多いのです。私自身もかつて、初めてオーストラリアに行ったとき、現地のコーチ陣からこの〝反り腰〟を指摘されました。じつは、この反り腰のアドレスこそ、ゴルフの上達を阻んでいる第一の要因なのです。

ゴルフでは、絶対に反り腰で構えてはいけません。反り腰で構えると、バックスイングで上体をねじった際に腰が右側に動く「スウェー」が起きやすくなります。身体の正面から見ると、右腰が右側にずれ、左脇腹は湾曲し、くぼみができます。これでは、正しい身体の捻転ができず、腰を痛める原因にもなります。

飛球線後方から見て、背中からお尻にかけてのラインが湾曲せずに真っすぐになるように構えるのが、正しいアドレスの姿勢です（図1－9）。この姿勢がとれると、胸を回したときに上半

1-9

背中からお尻にかけての
ラインは真っすぐに

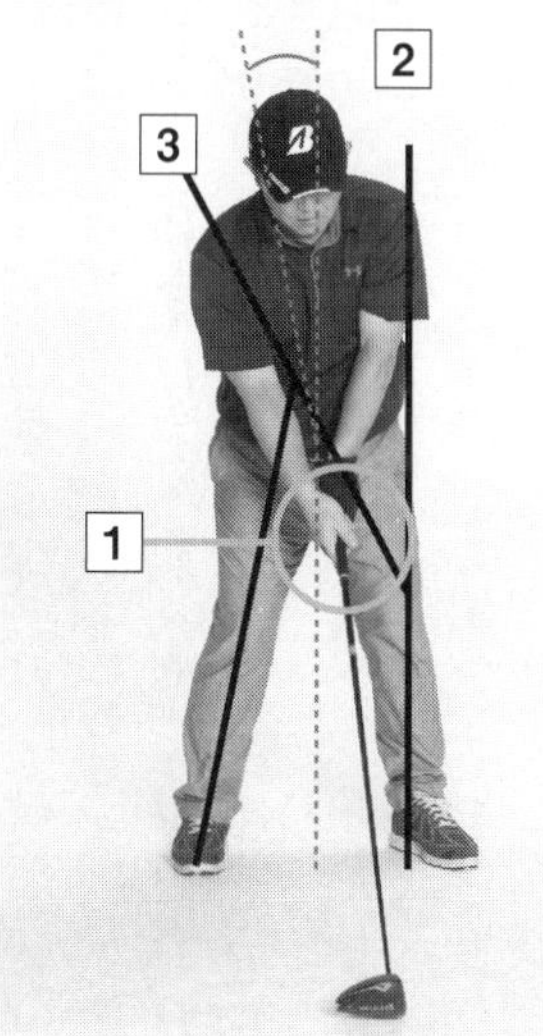

1 どのクラブも、グリップとシャフトは左太もも内側の正面で構える

2 背骨は、ドライバーで10～15度程度、アイアンなら5～10度、右側に傾く

3 バックスイングしたときに最も右足に体重を乗せやすい「逆Kの字」形のアドレス。左足に体重が乗っているように見えるが、実際には左右両足に等分の体重配分になっている

身にねじれが生じず、腰までしっかりと回るようになります。

正しいポスチャーの取り方を、確認しておきましょう。まず肩幅に足を開き、ひざを伸ばしたまま真っすぐに立ってください。その姿勢から恥骨を上に持ち上げます。おへそに手を当てて真っすぐ下げていくと、股の上あたりで硬い感触がありますが、これが恥骨です。この恥骨が上に向くようにお尻を持ち上げます（図1－10）。

恥骨を上に向けたらお尻の穴を締めて緊張させ、ひざを伸ばしたまま足の裏で地面をグッと押さえつけます。約20秒間、この姿勢を保ってください。その後、両手首を背屈させ、手のひらの下側の部分を両脚の付け根に当てて、後方に押します。

すると、自然とひざが曲がって上半身も前傾します。この状態で両腕をだらりと下げて、肩の真下で両手のひらを合わせ、パンパンと軽く柏手を打つようにしてください。こうすると、いったんかかとに寄った体重がセンターに戻ります。これがアドレスの正しい姿勢です。

この姿勢で正しく構えることができると、下っ腹と腰背部で斜めに圧迫しているような感覚があり、すべての足の指とかかとでしっかりと地面をとらえて、「地面をわしづかみにしている」感覚も出てきます。これで、しっかりと身体をねじる体勢ができたことになります。正しい姿勢で構えることは、G1メソッドのスイングを身につけるための第一歩です。ぜひ、自然と正しい姿勢でアドレスできるようになってください。

1-10

1

肩幅に足を開き、ひざを伸ばしたまま真っすぐに立って、恥骨を上に持ち上げる

2

手のひらの手首側の部分を両脚の付け根に当て、後方に押す

3

両腕をだらりと下げて、肩の真下で両手のひらを合わせる。これが、正しいアドレスの姿勢

DRIVER

第2章

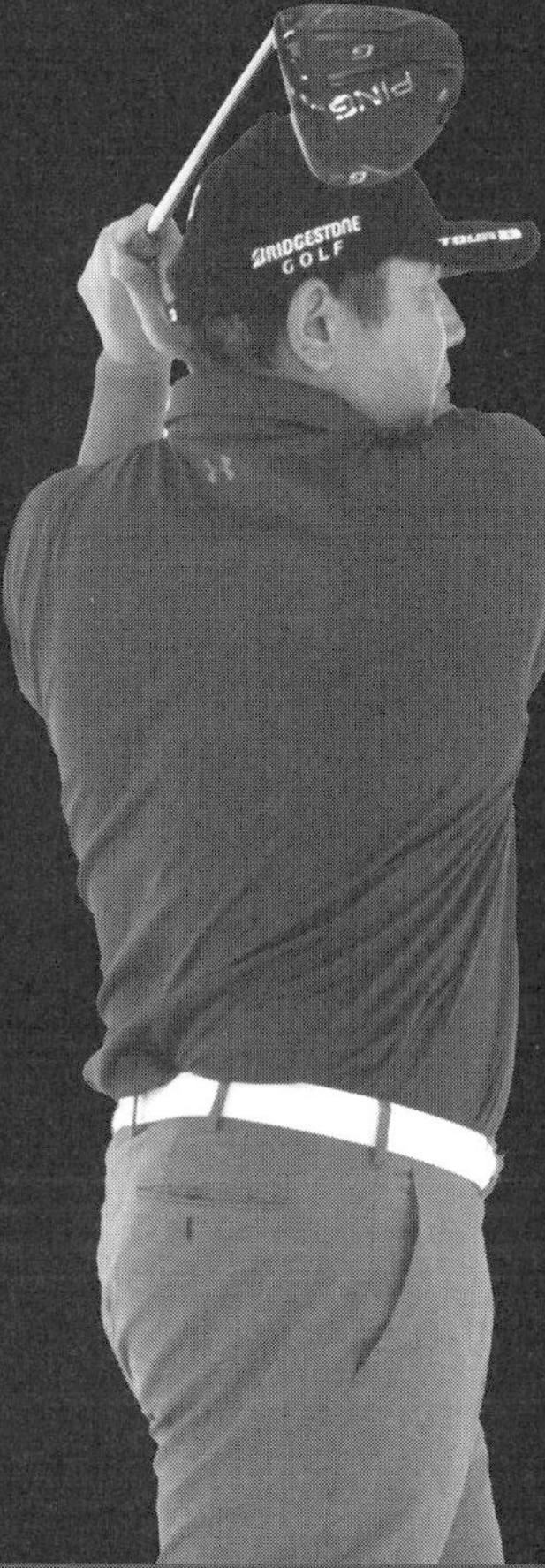

世界標準のドライバー

――進化したスイングでより「真っすぐ」、より「遠くに」飛ばす

2－1 進化する「世界標準のスイング」

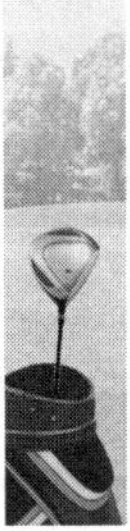

裏面ダウンをめぐる大きな誤解

第1章では、前著で紹介したG1メソッドの復習をおこないました。本章では、G1メソッドの重要なポイントをさらに詳しく解説するとともに、前著の刊行後、新たに考案した新メソッドも紹介します。さらにパワーアップしたG1スイングで、より「真っすぐ」、より「遠くに」飛ばすドライバーショットの習得を目指します。

前著の刊行後、私には気になったことがありました。前著をお読みくださった方のなかに、G1メソッドを〝誤解〟して、間違った動きをしている人が少なからずいらっしゃったのです。

特に目立ったのは、裏面ダウン後に、クラブをキャスティングしてしまう人が多いことでした。「フェースを上に向けたままクラブを落とそう」という意識はあるのですが、ダウンスイングの途中で右ひじが伸び、クラブヘッドを体の前に投げ出すキャスティングの動作をおこなってしまうのです。キャスティング状態になると、体の正面をつくり、グリップエンド中心のドアスイングをおこなうことになります。

これでは当然ながら、球筋が安定しません。打つたびに行き先は「ボールに聞いてくれ」ということになってしまいます。

再現性の高いスイングをするために重要なのは、トップでつくられた右前腕部とシャフトの角度、さらに右ひじの角度をそれぞれ90度に保ったまま、裏面ダウンをおこなうことです。前著ではこの動きを、「ひろし」というネーミングで紹介しました。歌手の五木ひろしさんが『よこはま・たそがれ』のサビの部分を歌うときの右手の動きになぞらえたものです（図２－１）。

「ひろし」によってできた右前腕部とシャフトの角度、および右ひじの角度を保ったままフィニッシュまでもっていく感覚が非常に大切なのです。これができないと、クラブにタメが生まれず、ハンドファーストでインパクトすることはできません。

裏面ダウンに対するこのような誤解のほかにも、いくつか気になる点がありました。そこで第2章では、多くの人が間違えやすいポイントをあらためて確認しながら、Ｇ１メソッドのスイングをパワーアップさせるための新たなメソッドをいくつか紹介していきます。

じつは、「世界標準のスイング」も日々、進化を続けています。

前著をお読みくださり、すでにＧ１メソッドを実践されている方も、本章の内容を理解することで、一段階上のスイングを習得することができます。

さっそく「進化したＧ１メソッド」を解説していきましょう。

1

2

3

2-1

「ひろし」によってつくられる「2つの角度」を、それぞれ90度に保ったまま、フィニッシュまでもっていく

1

「再現性の高いスイング」のために重要なのは、裏面ダウン時の右手の使い方。
手首を手のひら側に曲げる「掌屈」(掌屈については、46ページ参照)

2

前方に出した手を外側に回転させ、前腕部の内側を上向きにする「回外」

3

ひじを身体の中心線に寄せる「内転」

2-2 進化したバックスイング

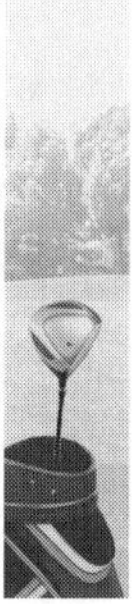

「巻きつきの強いバックスイング」で飛距離を伸ばす

正しい裏面ダウンは、右前腕部とシャフトの角度、および右ひじの角度（いずれも90度）を絶対に崩しません。これら二つの角度が開いてしまうと、クラブをキャスティングした状態になり、自分ではフェースを上に向けて降ろしているつもりでも、実際のフェースは徐々に閉じていきます。多くの人が犯しがちな、間違った裏面ダウンです。

裏面ダウンでクラブをキャスティングしてしまう原因の一つに、「バックスイングが浅い」ことが挙げられます。前著では、クラブの慣性に任せてノーコックでバックスイングすると、自然と低くて長いロングテイクアウェイになると説明しました。しかし、ロングテイクアウェイを意識しすぎるためか、肩が十分に回っていない方が見受けられます。

バックスイングでは、右肩が頭の後ろにくるまで、しっかりと右肩を後方に引くことが重要です。このポジションまで肩を回さないと間違った裏面ダウンを誘発してしまいます。

バックスイングが浅いと、どうしても右ひじが伸び、右前腕部とシャフトがつくる角度も大きくなりがちです。そこで、正しい裏面ダウンをおこなうためには、しっかりと肩が入った、より

「巻きつきの強いバックスイング」が必要だと考えました（図2-2）。

体幹まわりに柔軟性があって、グリップと胸のあいだに十分なふところをつくることができ、右腕をムチのようにしならせて打てる人は、前著で紹介したノーコックで「長く、低く」クラブを引いていくロングテイクアウェイが向いています。

しかし、体の硬い人がノーコックでクラブを上げようとすると、クラブの動きが直線的になり、身体の捻転が不足することがわかりました。トレーニングをしていない一般のアマチュアは、体の硬い方がほとんどです。私自身も、歳を重ねて少しずつ体が硬くなってきました。

そこで今回は、より巻きつきの強いバックスイングを実現するために、テイクバックのやり方を改良しました。新しいバックスイングでは、ワッグルの動きと身体の回転を連動させて、クラブを上げていきます。

前著で解説したように、G1メソッドのワッグルは体全体を使っておこないます。両腕の力を抜いてリラックスした状態で、グリップエンドを目標方向に倒すと、テコの原理でクラブヘッドはターゲットと反対方向に持ち上がります。その後、クラブの慣性に任せると、クラブは振り子運動を続けようとするので、その動きに合わせてほんの少しだけ腰を左右に回しながら足踏みし、やじろべえのような動きをすることが、G1メソッドのワッグルでした。

このワッグルをおこなうと、クラブはフェースを開きながら上がっていきます。今回の新しい

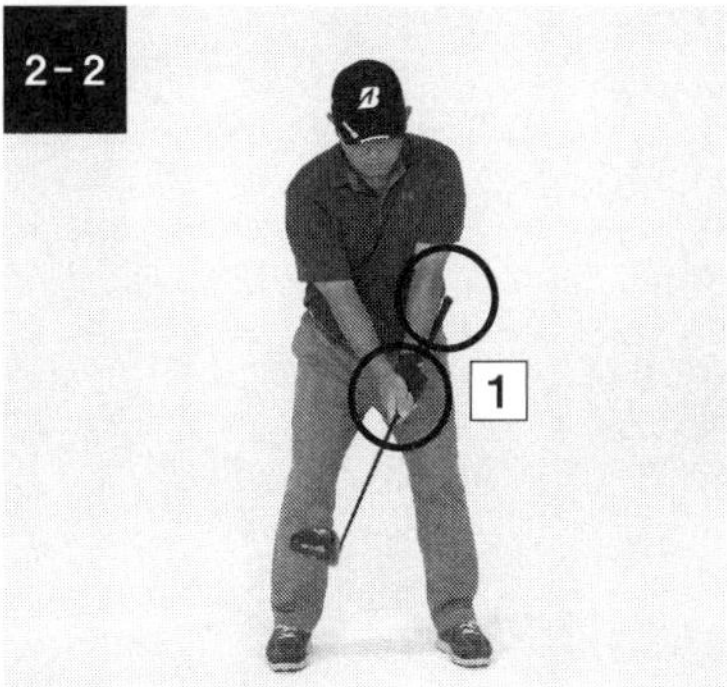

1

左腰にクラブの「グリップ」を当て、シャフトの真ん中を両手で握る

2

両ひじと両腰の動きを同調させ、両ひじが両腰を向いたまま、右肩と右ひじを真後ろに引くようにクラブを上げていく。

「グリップ」は左腰から離れ、グリップエンドが飛球線の45度右を指す。「グリップ」が左腰から離れない人は、クラブをシャットに上げている証拠！

手元が腰の高さまで上がったとき、右前腕部の橈骨側（親指側）とシャフトが90度になる

3

巻きつきの強いバックスイング！

バックスイングでは、この「フェースを開きながらクラブを上げていく」ワッグルの動きと、両ひじが両腰を指したままワーキングトゥギャザー（同調）で体幹を回す動きを連動させます。ワッグルの動きとワーキングトゥギャザーの身体の回転が連動すると、バックスイングでグリップが腰の高さに上がったとき、右手のひらが上を向き、右前腕部の橈骨《とうこつ》側（親指側）とシャフトが約90度の角度をつくります。

手元が腰の高さまで上がったポジションでうまく90度の角度がつくれない人は、体全体を使っておこなうこのワッグルを何度も繰り返して、右手のひらが上を向きながら、グリップが親指と人差し指のつくるV字の部分に入っていく感覚をつかんでください。グリップがグニャッと動く感覚があると思いますが、親指と人差し指のあいだは締めずにフリーにしておきます。

クラブヘッドが腰の高さに上がるバックスイングの動きを体感してみましょう（図2－2）。まず、左腰にクラブの「グリップ」部分を当て、シャフトの真ん中を両手でグリップしてください（以降、クラブのグリップ部を強調したい場合には「グリップ」とカギカッコをつけて表記します）。その状態から両ひじと両腰の動きを同調させ、両ひじが両腰を向いたまま、右肩と右ひじを真後ろ（背中側）に引くようにクラブを上げていきます。

すると、「グリップ」は自然と左腰から離れて、グリップエンドが飛球線の45度右を指し、クラブヘッドはターゲット方向から見てお尻の延長線上にきます。「グリップ」が左腰から離れない人は、フェースを閉じてクラブをシャットに上げている証拠です。必ず、「グリップ」が左腰から離れるようにクラブを上げてください。

スタートから「右手が下」の感覚が必須です。手元が腰の高さに上がったとき、スクエアグリップの人ならフェースは真上を向きます。このとき、右前腕部の橈骨側（親指側）とシャフトが90度の角度をつくるようにします。この角度がポイントなので、必ず90度になるようにしてください。

「右手がグーで、左手はカップリング」が成否を分ける

ここからは、右前腕部とシャフトがつくる角度をキープしたまま、クラブヘッドが右肩と右耳のあいだを横切るようにクラブを上げていきます。

この動作は「レバーを引く」動きとそっくりなので「レバーシステム」と名づけました。右手の中指と薬指でレバーを引くイメージで、右前腕部とシャフトの角度（90度）をキープしたままクラブを上げていきます。トップでは、右ひじも約90度に曲がり、右上腕部と前腕部、そしてシャフトが「コの字」形になります。

実際にやってみるとわかりますが、ハーフウェイバックのポジションからレバーシステムをおこなって、右脇を締めて体をねじると、右肩が深く入って体幹が十分に捻転します。

試しにトップのポジションで、左手で右耳に触ってみてください（図2－3）。左手で右耳をつかんで、右肩を後方に引き、右腰を右足土踏まずの内側で回転すると、どんなに体の硬い人でも背中を目標に向けられるぐらい、右肩がしっかり頭の後ろまで回っているはずです。これが、十分に身体が捻転された状態です。体の硬い人が、左ひじを伸ばして左肩をあごの下に入れようとしても、実際には身体はしっかり捻転できていません。そのため、私のレッスンでも、体が硬く、捻転の浅い人には、実際に左手で右耳を触るように指導し、身体の捻転を体感してもらっています。

この間、右手はつねに下のままです。「右手が下」の状態を保ったまま、フェースが真上を向いたクラブヘッドが右肩と右耳のあいだに倒れ込んでくると、トップでは右手首がまっすぐ、もしくは手のひら側にやや掌屈《しょうくつ》し、ガッツポーズをするときのようなグーを握った形になります。

一方、左手はやや甲側に背屈します。欧米のゴルフスイング研究者たちは、これを「カップリング」とよんでいます。

ここで登場した手首の「掌屈」「背屈」という言葉は、あまりなじみがないかもしれません。人間の手首は、4方向に折れ曲がります。甲側に折れる「背屈《はいくつ》」、手のひら側に折れる「掌屈」、小指側に折れる「尺屈《しゃっくつ》」、親指側に折れる「橈屈《とうくつ》」の四つです。

つまり、「手首を掌屈させる」とは、手首を手のひら側に折ることを意味しているわけです。

2-3

正面から見たようす　　　　背中側から見たようす

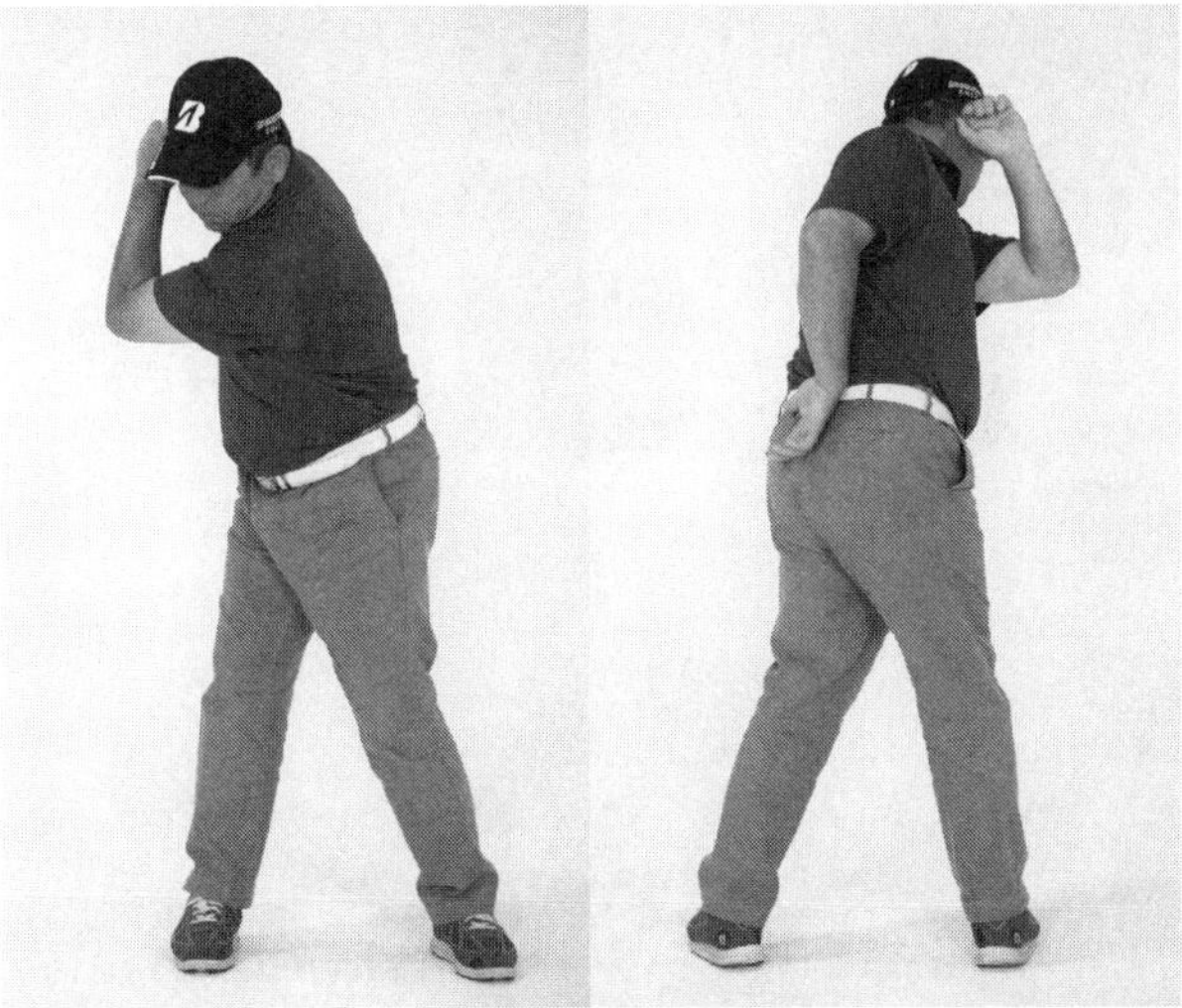

トップのポジションで、左手で右耳に触ると、右肩がしっかり頭の後ろまで回っている。これが、「十分に身体が捻転された」状態。体が硬く、捻転の浅い人は、実際に左手で右耳を触ってみると、身体の捻転を体感できる

×

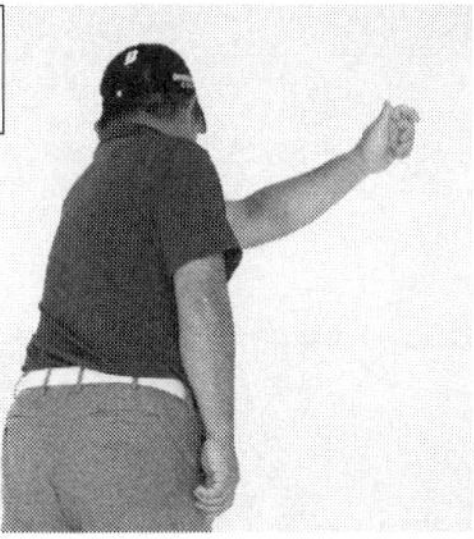

捻転が浅いと、左手は耳から遠く離れ、右肩の回転も不十分になる

2-4

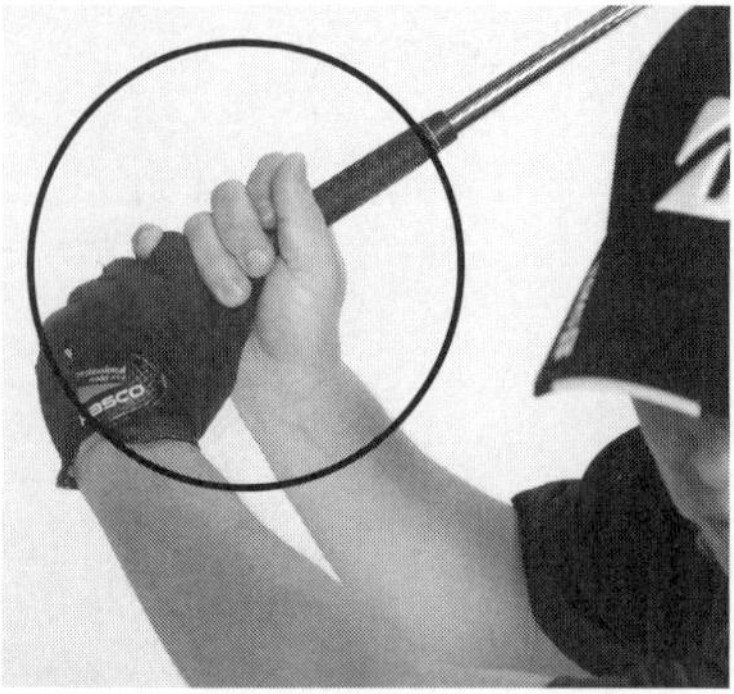

トップでは右手がやや掌屈し、ガッツポーズをするときのように「右手がグー」の形になる

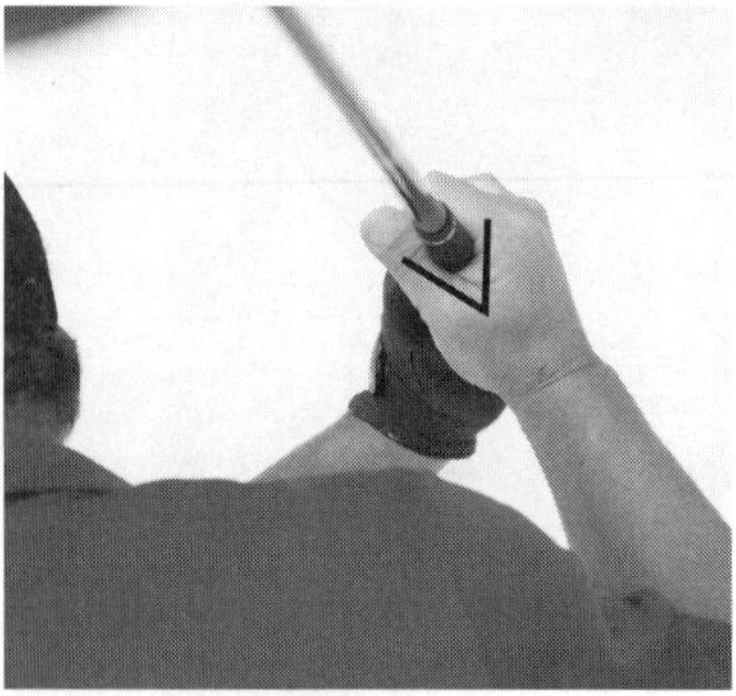

「右手がグー」の形になると、右手の人差し指と親指がつくるV字の底に「グリップ」が入ってくる

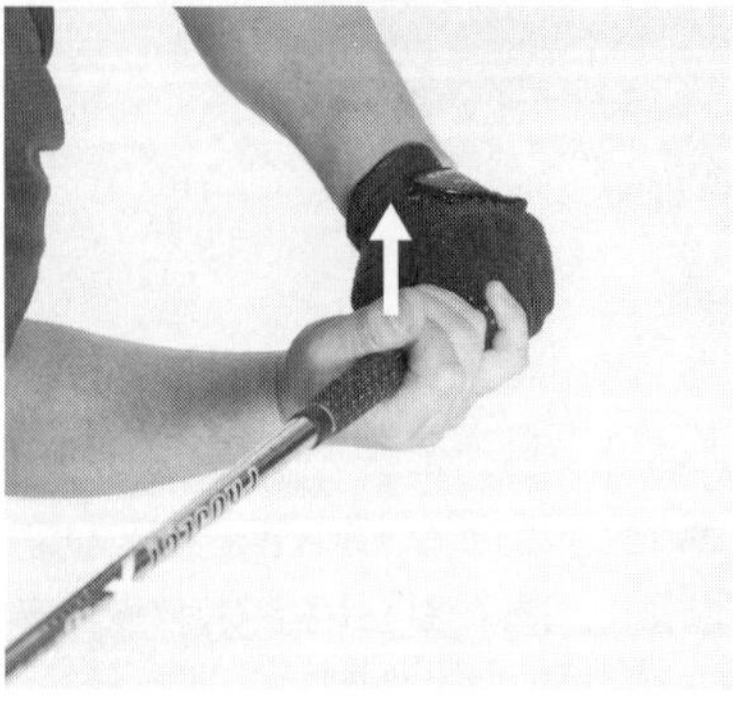

「右手がグー」の形になると、ハーフウェイダウンのポジションで右手のひらが完全に真上を向く

スイングの解説をする際によく使う言葉ですので、頭に入れておいてください。

トップでは、「右手がグーで、左手はカップリング」の形になることがとても重要なポイントです（図2－4上）。トップで右手がグーの形になると、右手の人差し指と親指がつくるV字の底に「グリップ」が入ってくるような感覚があります。これが、「巻きつきの強いバックスイング」の感覚です（図2－4中）。「右手がグーで、左手はカップリング」の形ができると、ハーフウェイダウンのポジションで右手のひらを完全に真上に向けることができます（図2－4下）。

一方、トップで右手が背屈して左手甲が平らになり、出前持ちのような形になると、ハーフウェイダウンでフェースが斜め上を向き、完全に真上に向けることはできません。また、クラブヘッドが背中側に残らず、体の前に出てきてしまいます。こうなると、裏面ダウンは失敗です。

左手首が甲側に折れた「カップリング」のトップから、フェースは終始、開いたまま使います。フェースを開きながらクラブを下ろす感覚が、右ひじの絞り込みにつながり、4時半からの深いインサイドアタックを可能にします。この動きによってタメが形成され、ハンドファーストのインパクトが実現するのです。この動きこそ、第1章の冒頭で紹介したボールストライカーたちのコードの一つにほかなりません。

こんなにフェースを開いたら、ボールが右に飛んでしまうんじゃないかと思われるかもしれませんが、心配ご無用です。「フェースが開いている」という感覚こそが、じつはスクエアなのです。フェースを閉じてボールに向けずに、開いたまま使う感覚に慣れていただきたいと思います。

前著で解説したとおり、トップでは、シャフトが飛球線と平行になるのが基本です。ただし、特に体の硬い人には、トップでシャフトが飛球線とクロスするバックスイングをお勧めします（じつは、私自身も体が硬いため、シャフトと飛球線がややクロスする形になっています。19ページ図1－2上参照）。体が硬い人の場合は、こうしたほうがダウンスイング時に右ひじを体の前に入れやすく、クラブヘッドを背中側に残しておけるからです。

前著を読んでいただいた方のなかに、裏面ダウンを意識しすぎて、4時半のポジションで右手首が背屈している人が多いことも気になった点の一つです。この時点で右手首が背屈すると、右ひじが伸びる原因になり、キャスティングを招きます。体の構造上、右手首が背屈すると右ひじが伸びやすく、右手首が掌屈すると右ひじが曲がったままの状態を保ちやすいのです。

ダウンスイングで右ひじが伸びることは、スイングが崩れるすべての元凶です。「右ひじが曲がったまま打つ」ことを徹底するようにしましょう。

「巻きつきの強いバックスイング」で正しい裏面ダウンを誘導する――。これが、世界標準のスイングをマスターするための第1のポイントです。じつは、私自身も、この「巻きつきの強いバックスイング」を取り入れたことで、さらにドライバーの飛距離が伸びました。みなさんもぜひ、「巻きつきの強いバックスイング」を実践して、飛距離アップを目指してください。

2-3 世界標準のタメのつくり方

体を入れて、タメをつくる——メジャーリーガーに学べ

世界標準のスイングをマスターするための第2のポイントは、「体を入れて、タメをつくる」ことです。

「体を入れて、タメをつくる」動作は、メジャーリーガーのバッティングをイメージするとわかりやすいので、まずは彼らのバッティング動作で説明することにしましょう。

メジャーリーガーのバッティングを見ていて、日本人選手の打撃スタイルとは「どこか違う」と感じたことはありませんか？　いったいどこが違うのでしょうか。

私は、日本のバッターとのいちばんの違いは「インパクト」にあると思っています。メジャーリーガーのインパクトは、腕が伸び切っていません。右バッターの場合なら、右ひじは曲がったまま体に密着していて、左ひじも曲がった状態でインパクトしています。インパクトの瞬間まで、テイクバックでつくった右ひじの角度はまったく変わりません。右ひじの角度を変えずにクルッと背中を回し、最短距離でインパクトしているのです。

構え方も違います。メジャーリーガーはふところを感じて、やや右ひじを張り出し、右手の甲

を平らか、やや掌屈させてグーの形でバットを握っています。この構えから身体を回転させてインパクトに向かうと、右ひじは曲がったまま体の前に入ってきます。グリップエンドがピッチャーの方向を向き、インパクトでは右手の甲がピッチャーの方向に向きます（図2－5）。

一方、日本のバッターは両腕をしぼり、ひじを近づけて構える傾向にあります。そのため、右手首はやや背屈します。この構えから打ちにいくと、ダウンスイングで右手の甲が地面を向き、バットのヘッドが下がってしまいます。

メジャーリーガーはまた、ダウンスイングでバットを体から離しません。バットを右肩口に引きつけて、身体の左サイドをしっかり切り、インパクトに向かいます。身体に引きつけることができると、バットの長さは短く感じられます。実際の長さの3分の1ぐらいのバットを振っているように感じられれば、「体が入って、タメができている」証拠です。

逆に、体を入れずにキャスティングしてしまうと、バットは体から離れてしまいます。先ほどとは逆に、長いバットを振っている感覚を覚えるでしょう。バットを長く使う人は、グリップエンドを支点としたスイングになるため、打点が安定しません。すなわち、「再現性の低い」打撃になってしまいます。

バットを短く使うと、インパクト直前では、身体の左サイドがしっかりと後ろに切られ、右ひじは曲がったまま体の前に入ってきて、右手の甲がピッチャー方向を向きます。

2-5

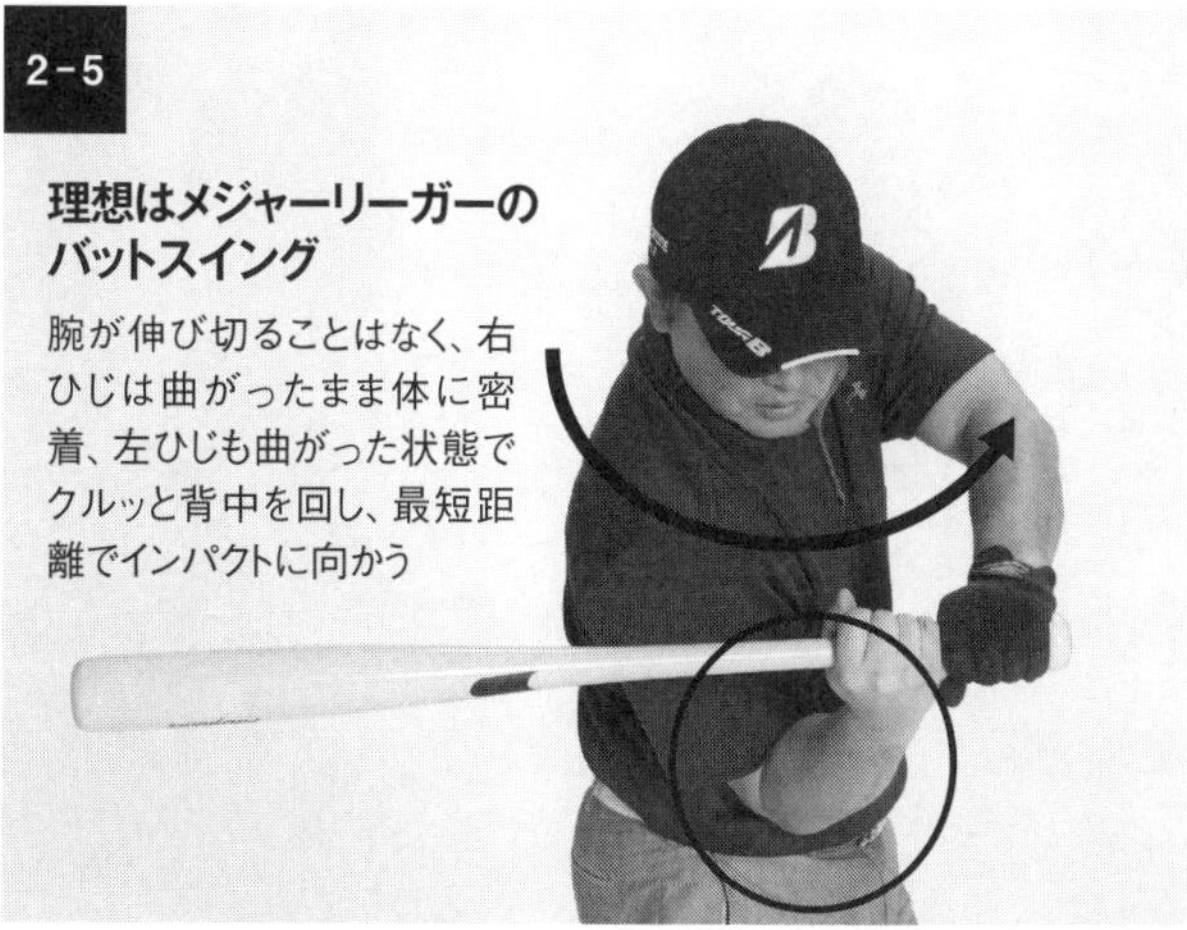

理想はメジャーリーガーのバットスイング

腕が伸び切ることはなく、右ひじは曲がったまま体に密着、左ひじも曲がった状態でクルッと背中を回し、最短距離でインパクトに向かう

インパクト直前では、右ひじが曲がったまま、体の前に入ってくる

身体の左サイドがしっかりと後ろに切られ、グリップエンドがピッチャーの方向を向く

インパクトにかけて、右手の甲はピッチャーの方向に向いていく

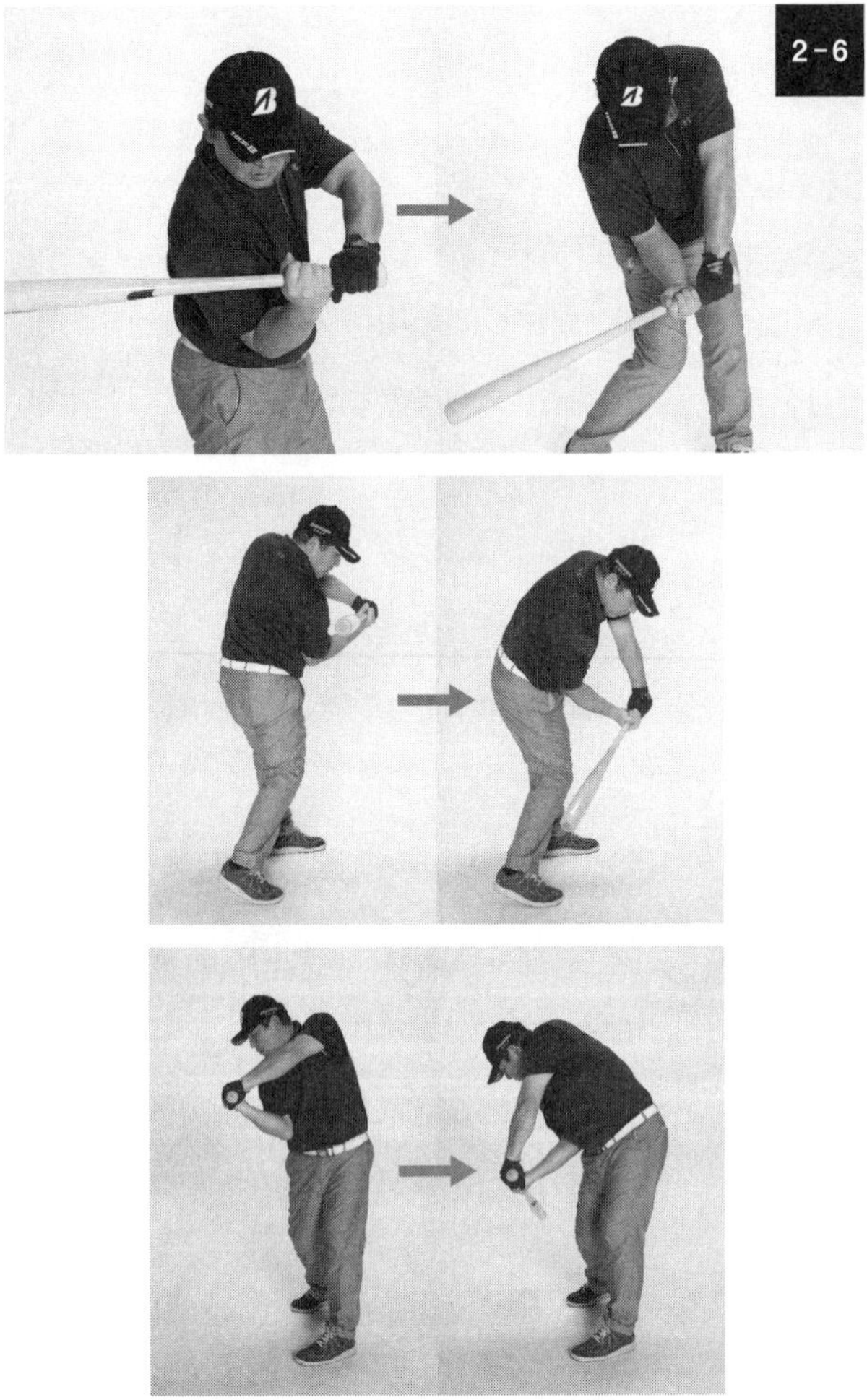

メジャーリーガーのインパクト直前の体勢から上半身を前傾させると、ゴルフスイングのインパクト直前の形になる。これが、理想的な、「体を入れて、タメができた」状態だ

その体勢のまま、上半身を前傾させると、ゴルフスイングのインパクト直前の形になります（図2－6）。

これが、「体を入れて、タメができた」形です。この形ができれば、インパクトでボールを突きにいく、悪いクセが直ります。

繰り返しますが、すべての元凶は、ダウンスイングで右ひじが伸びることです。「右ひじが曲がったまま打つ」ことを徹底的に意識するようにしてください。

「体に引きつける」＋「小さく振る」＝理想的なスイング

「体を入れる」動きを覚えるためには、実際にバットを使っておこなうドリルが効果的です。

じつは私は、生徒さんたちに対してなるべく重いもので素振りをしないように教えています。バットのように重いものを振ると、遠心力にしたがって思い切り腕を伸ばし、手を体から離して振ってしまう人が多いからです。

しかし、重いものでも体に引きつけて「小さく振る」ことができれば、理想的なスイングづくりに活かすことが可能です。ビュンビュンと音が出るほど強く振る必要はありません。ダウンスイングで「体を入れる」形だけを、しっかり覚えるために用います。

まず、右ひじをあまりしぼらず、少し外側に張る感じで、ふところを広くとって構えます。このとき、右ひじは90度に曲がり、右手はグーの形になります。

その構えからヒッチ（グリップエンドを少し下げてから元の位置に戻す動き）をおこなって、ダウンスイングを開始します。重心を右足に残したまま、左足をステップすると同時に右ひじの角度を崩さずに体の前に入れ、バットのヘッドを頭の後ろで回してグリップエンドをピッチャー方向に向け、バットをフラットに倒します。

私は、この動きを「右前腕の回外プロペラ」とよんでいます。右前腕部を回外させると、バットの重心は飛球線後方にずれていきます。右前腕部を回外させてバットの重心をずらしながら、右ひじを右脇腹の前に絞り込む動きが回外プロペラです。ゴルフスイングの場合、右前腕部を90度回外させます。回外プロペラをおこない、ヘッドが身体の近くにある状態を保ったまま、下半身リードで裏面ダウンができると、肩と腰の捻転差が形成され、4時半のポジションからのインサイドアタックとハンドファースト・インパクトが実現できます。

右ひじを伸ばしてはいけません。右前腕部の回外によってバットの重心は飛球線後方にずれていきますが、正面から見て右肩ぐらいまでに収まるようにしてください。バットの重心がそれ以上、体の外側にずれてしまったら、右ひじが伸びている証拠です。右ひじは必ず、90度の角度を保ったままバットを下ろしてください。

そのまま胸の面をピッチャー方向に開かずに身体の左サイドを後ろに切ると、ピッチャー方向に向いていたグリップエンドが、左胸の前で急に方向を変え、左を向いていきます。

このとき、右上腕部とバットとの距離が離れないようにすることがポイントです。右ひじを曲げたまま、トップでの右前腕部とバットの角度を変えないようにインパクトに向かいます。

感覚的には、右ひじを曲げてバットを体に近づけたまま小さく回り、インコースの球を打つようなイメージです。アウトコースのボールに対して、手を伸ばして当てにいく感覚は絶対にＮＧです。必ず、バットが短く感じられるようにしてください（図２‐７）。

このとき、左脇を締める必要はありません。右ひじをみぞおちの右側あたりに引きつけると、自然と左ひじも曲がり、左脇が開きます。これが正しい形です。左ひじが伸びたら、右ひじも伸びてしまいます。左手は、しなりのある空手の水平チョップをするようなイメージで使うようにしてください。

図２‐７の形のまま上半身を前傾させると、ゴルフのダウンスイングの形になります。このときも、やはり左ひじが曲がり、左脇も少し開いています。クラブを引きつけて「小さく」回り、タメの効いたスイングをするには、左ひじは少し曲がっているほうがいいのです。２０１８年から2年連続で日本の賞金王になった今平周吾も、インパクトで左ひじが少し曲がっています。

ポイントは、構えたときの右ひじの角度＝90度をキープしたままスイングすることです。右ひじは絶対に伸ばしてはいけません。右ひじの角度を保ったまま左サイドを後ろに切り、背中が構

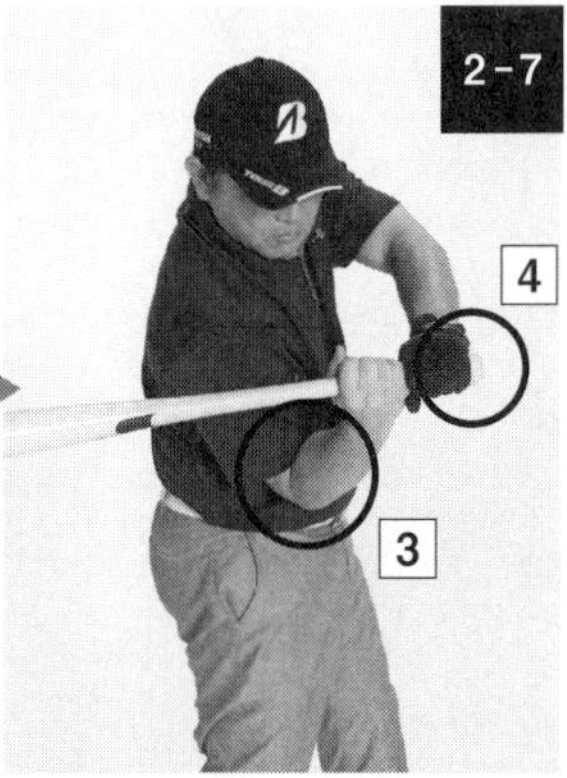

[1]右ひじはあまりしぼらず、少し外側に張る感じで、ふところを広くとって構える。[2]「右手がグー」の形で重心を右足に残したまま、

[3]右ひじを体の前に入れ、[4]グリップエンドをピッチャー方向に向けて、バットをフラットに倒す

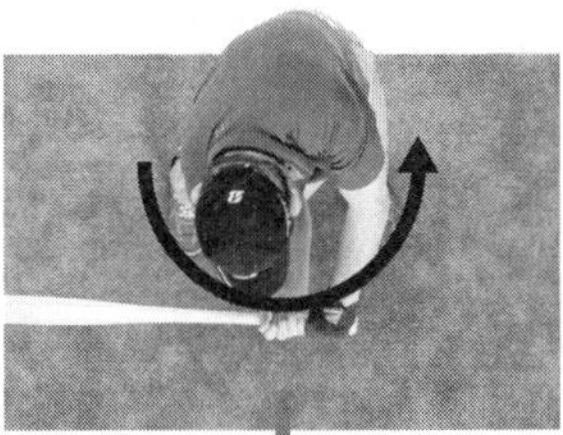

インコースの球を打つイメージで、右ひじを曲げてバットを体に近づけたまま小さく回る

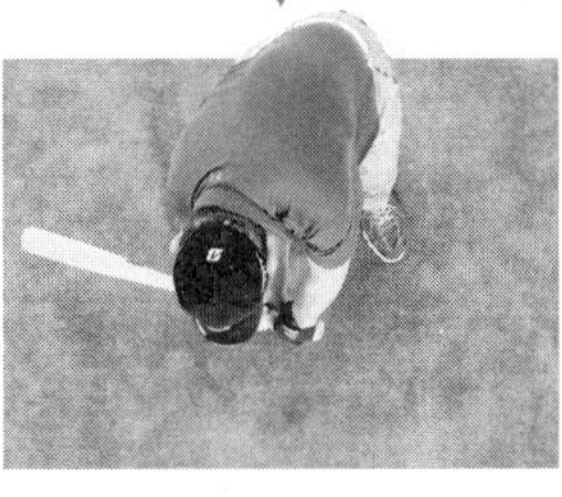

上半身を前傾させると、ゴルフのダウンスイングの形に（図2-6参照）

えたときの正面側を向くぐらい、思い切り体を回していきましょう。

「ボールを突きにいく」クセを防ぐには

バットを使ってこの形を繰り返し練習したら、こんどはクラブに持ち替えておこなってみましょう。バットと同じように右ひじを曲げ、右前腕部とシャフトがつくる角度を保ったまま裏面ダウン。左サイドをしっかりと後ろに切っていきます。

バットの場合は地面とほぼ水平にバットを動かしますが、クラブに持ち替えて上半身を前傾させても、その意識は変わりません。上半身に対してクラブは平行に動きます。感覚的には、ひざの高さにあるボールを打つイメージです（図2-8）。

右胸が後方に引けて、右腰が押し込まれ、しっかりと体が入ったポジションまで、右ひじが直角に曲がった状態をキープしてください。

ボールに意識を向けすぎると、ダウンスイングの途中でつい右ひじを伸ばして、クラブヘッドでボールを突きにいってしまいます。ヘッドを能動的に使ってはいけません。必ず、クラブヘッドを背中側に残したまま、右ひじが90度に曲がった状態をキープして「体を入れて」ください。体を入れれば、クラブは自然と、ボールと地面との隙間に入っていきます。

成否を分けるのは、それを「信じ切れるかどうか」です。ゴルフには、このようなメンタルブ

2-8

1

左手で右耳をつまむイメージでしっかりと肩を回す。「右手がグー」の形を意識する

2

右前腕部とシャフトがつくる角度を保ったまま裏面ダウン。右ひじが体の前に入ってくる

3

左サイドをしっかり後ろに切る。クラブは上半身に対して平行に動き、ひざの高さにあるボールを打つイメージで振る

ロックがいくつかあります。メンタルブロックとは、無意識で「これはできない」と自分にブレーキをかけてしまう心理的な壁のことです。そのメンタルブロックが、上達の妨げとなっているのです。

右前腕部とシャフトがつくる角度、および右ひじの角度をキープしたまま、ひざの高さにヘッドを通すつもりで体を入れていけば、ヘッドは必ず、ボールに届きます。それを信じて打ってください。繰り返しますが、ヘッドを能動的に使って、ボールを突きにいくのは絶対にNGです。

「体を入れて、タメをつくる」動作は、じつは「上半身と下半身の捻転差をつくる動作」にほかなりません。トップから、下半身と一緒に上半身もねじり戻してしまったら、体は入りません。体幹をねじって、トップ時の両肩のラインが開かないうちに右足の拇趾球で地面を押し込み、左股関節を切り上げます。この動きに連動して左腰と左の脇腹を後方に引き、胸郭を左脇に押し込むように回転すると、顔も半回転して、半身でターゲットを見ることになります。

アニカ・ソレンスタムやヘンリク・ステンソンのような、ルックアップ打法に近いといえるでしょう。

そしてこの動きは、Ｘファクターを最大にすることでもあります。右前腕部とシャフトがつくる角度をいかに崩さずに、Ｘファクターをいかに大きくできるか――これが「真っすぐ」「遠くに」飛ばすためのポイントです。

飛距離が圧倒的に伸びるドリル

「体を入れて、タメをつくる」動作は、飛距離アップに欠かせない要素でもあります。

G1メソッドに基づくスイングを身につければ、20～30ヤード飛距離が伸びるのはごくふつうで、50ヤード以上遠くに飛ばすようになる人もいらっしゃいます。その秘訣は、まさに「体を入れて、タメをつくる」動作にあるのです。

ここでは、飛距離アップを目指して、右前腕部とシャフトがつくる角度を崩さずに、Xファクターを最大にするためのドリルを二つ、紹介しておきましょう。

一つめは、前著でも紹介した平均台ドリルです。「体を入れる」動作をマスターするための最もかんたん、かつ非常に大切なドリルが、この平均台ドリルなのです（図2－9）。

両足をそろえて立ったら、ターゲット方向から見て、左足の先が右足かかとの約5㎝後ろにくるように左足を引き、両ひざを軽く曲げてください。体重配分は両足均等で、ボールの位置は左足かかとの延長線上です。

両足を合わせた幅と同じぐらいの幅の平均台の上に乗っている姿をイメージしながら、その平均台から落ちないようにスイングします。

この体勢は、両足を前後に交差させているだけなので、左右の動きに対してバランスを崩しや

2-9

5cmを目安にあけすぎないのがポイント

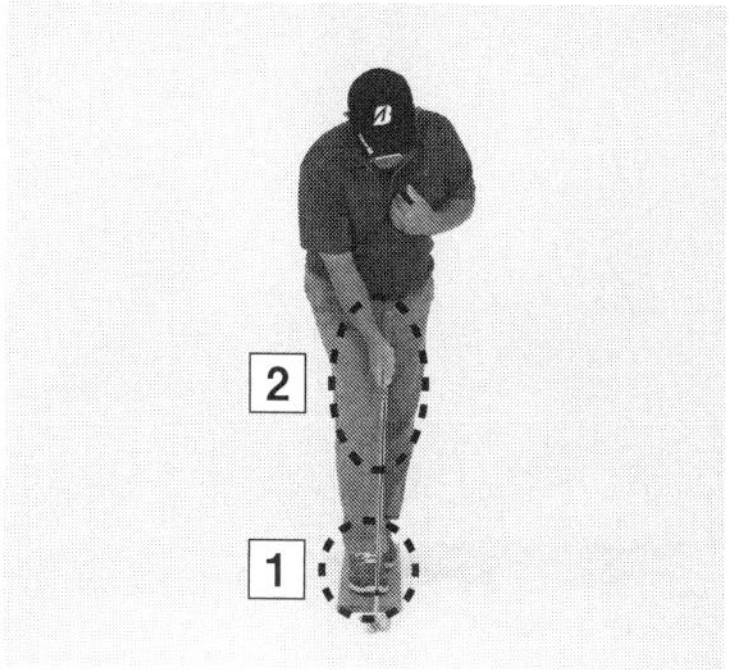
2
1

1

ダウンスイングでは、右足の拇趾球で地面を押し込む

2

右太ももが内旋して、右ひざがキックイン。ターゲット方向に強い力が働く

4
3

3

左足土踏まずの内側で右脚の力を受け止め、両足で「押し合いへし合い」の状態をつくる

4

両足のバランスがとれるようになったら、左脇腹を後方に切る

すくなります。下半身が止まって肩から動いてしまうとターゲット方向に体が倒れてしまいます し、ボールをすくおうとして右肩が下がると、こんどは飛球線後方にバランスを崩してしまいま す。正しい動きができて初めて、平均台から落ちることなく、バランスを保ってスイングできる のです。

平均台から落ちずにスイングできる秘密は、下半身のフットワークにあります。切り返しから ダウンスイングに入った瞬間に、右足の拇趾球で地面をグッと押し込みます。地面の反力によっ て右足土踏まずの内側にエッジがかかり、それに回転が加わることで右太ももが内旋して、右ひ ざがキックイン。ターゲット方向に強い力が働きます。

その力を受け止めるのが左脚です。左足土踏まずの内側にエッジをかけ、右脚の力を受け止め ます。このように、両足で「押し合いへし合い」をしている状態をつくることで、双方向の力が 拮抗して、バランスがとれるのです。

両足が押し合いへし合いしながらバランスがとれるようになったら、その状態を保ったまま、 左脇腹を後ろに切っていきます。上半身が前傾しているぶん、ベルトの左側が持ち上げられてい るような感覚があります。実際に、インパクトの体勢を飛球線後方から見ると、上半身が前傾し たままなのでベルトのラインは左腰のほうが高く、斜めになります。インパクトの時点でベルト のラインを水平にしようとすると、右肩が突っ込んでバランスを崩してしまうので注意しましょ

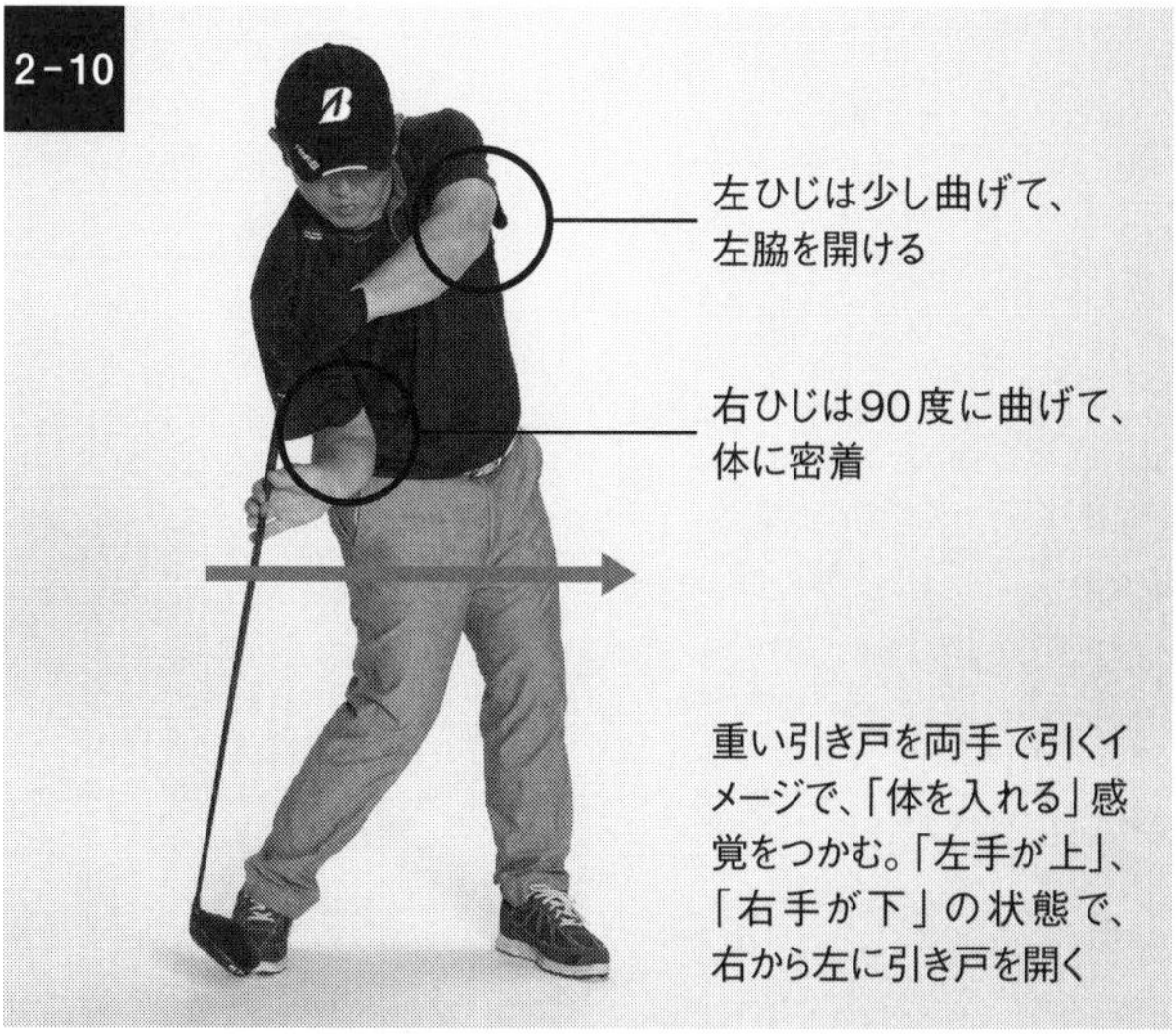
2-10
左ひじは少し曲げて、
左脇を開ける
右ひじは90度に曲げて、
体に密着
重い引き戸を両手で引くイメージで、「体を入れる」感覚をつかむ。「左手が上」、「右手が下」の状態で、右から左に引き戸を開く

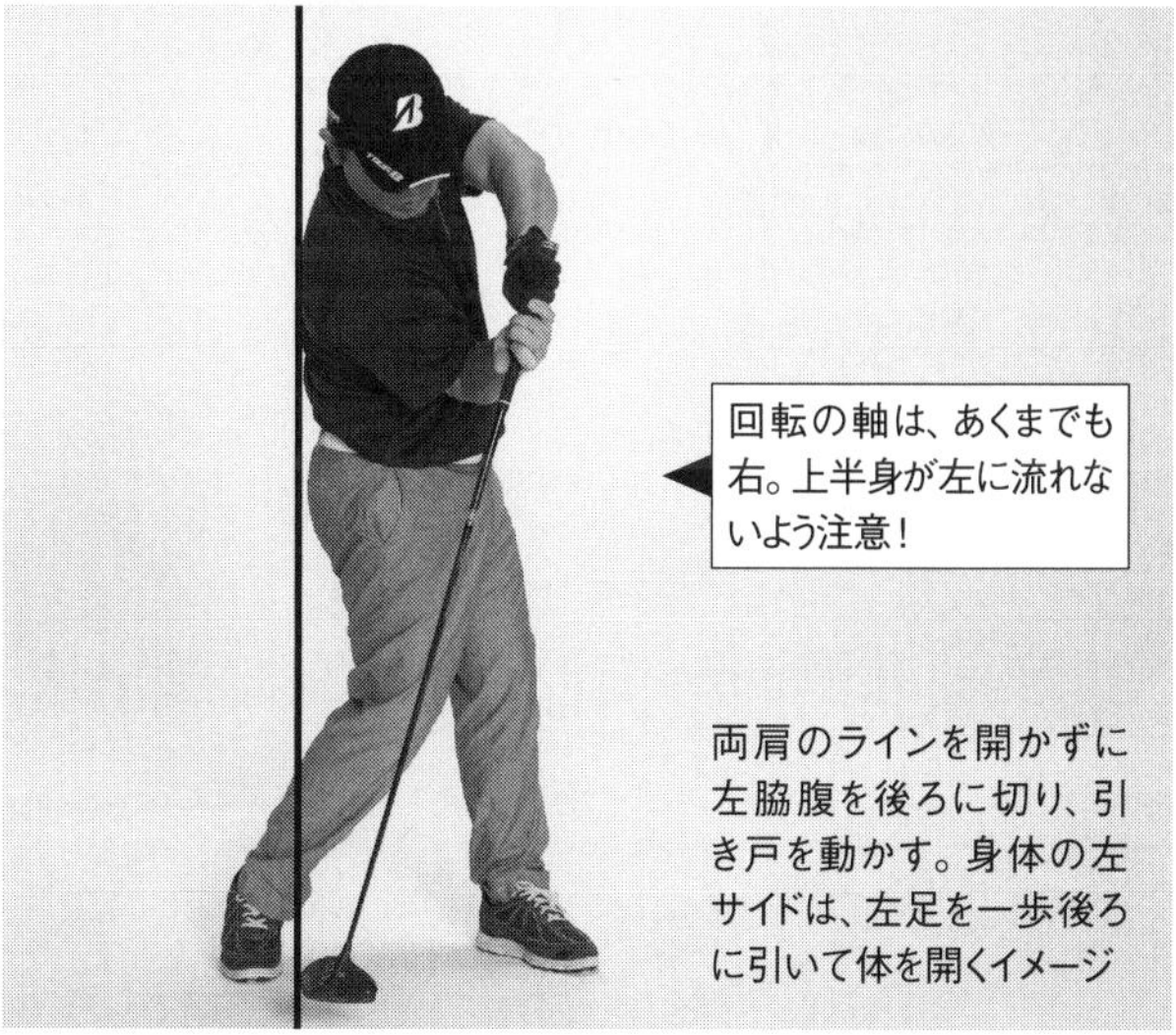
回転の軸は、あくまでも右。上半身が左に流れないよう注意！
両肩のラインを開かずに左脇腹を後ろに切り、引き戸を動かす。身体の左サイドは、左足を一歩後ろに引いて体を開くイメージ

う。

このドリルのもう一つのポイントは、両ひじと両腰の動きを同調させることです。つねに右ひじは右腰、左ひじは左腰を指したままスイングします。両ひじと両腰の動きを同調させ、正しいフットワークでスイングすれば、バランスが崩れることはありません。

「体を入れる」イメージができない人には高い効果がありますので、ぜひやってみてください。

二つめは、重い引き戸を両手で引くドリルです。左手が上で右手が下になるように引き戸に手をかけ、右から左に引き戸を開きます（図2－10）。

このとき、右ひじを90度に曲げ、体に密着させてください。左ひじも少し曲げて、左脇を開けます。左ひじは、身体の正面を向きます。

その体勢から、両肩のラインを開かずに左脇腹を後ろに切り、引き戸を動かします。身体の左サイドは、左足を一歩後ろに引いて体を開くようなイメージです。

このとき、上半身が左に流れないようにしてください。軸は、あくまでも右です。手の力で引き戸を引っ張るのもＮＧ。両ひじを曲げたまま、しっかりと体を入れて、引き戸を動かすようにするのがポイントです。

２-４ 世界標準の右軸回転を身につける

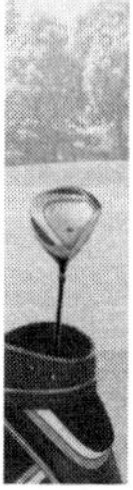

本物の右軸とは

世界標準のスイングをマスターするための第3のポイントは、「右軸でしっかり回転する」ことです。

野球でも、ボールを打ちにいくときに左足をステップしますが、体重は左足が2に対して右足が8ぐらいの割合で、右足により多く乗っています。

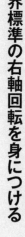

ゴルフの場合は、もう少し多めに左足に乗りますが、「左足3対右足7」くらいの体重配分で、やはり右足により多く体重がかかっています。しっかりと右足に体重を残して右軸で回転することで初めて、右前腕部とシャフトがつくる角度をキープすることができるのです。

ところが、前著を読んでいただいた方々のスイングを見ると、〝本物の右軸〟で回転している人がきわめて少ないことがわかりました。自分では右軸で回転しているように思っていても、実際には左足に体重が移ってしまっている人が多いのです。

原因の一つは、切り返し時の「左足の踏み込み」についての誤解です。右足の拇趾球で地面を押し込み、左股関節を切り上げると、右ひざが目標方向に押し込まれてキックインします。左足は、この力を受け止めるために自然と踏み込まれるものであって、能動的に踏み込んではいけません。意識的に左足を踏み込むと必要以上に左足荷重になり、ダウンスイングの早い段階で左肩が開いてしまいます。これでは、クラブヘッドが体の前（正面側）に出てきてしまい、G1メソッドのスイングの真骨頂である裏面ダウンからのインサイドアタックはできません。

左足への荷重は、体重移動のためではなく、回転するためにおこないます。切り返しから左肩を開かずに、胸を飛球線後方に向けたまま左腰を飛球線方向に押し込んでいく「バンプ」とよばれる動きがあります。一昔前は「バンプして、左サイドに壁をつくれ」とされていましたが、バンプをおこなうと、スイングの軸が左に移動してしまいます。

いま、世界のゴルフ界でスタンダードになっているのは、左肩を開かずに、身体の右サイドを側屈させながら右ひじを絞り込むスイングです。側屈とは、文字どおり体を左右に曲げる動きです。裏面ダウンでは、右足の拇趾球とかかとで地面をわしづかみにしながら真下に押し込み、左股関節を切り上げます。右ひざの上にあごが少し沈み込み、身体の右サイドが側屈します。

G1メソッドでは、この動きによって「地面抗力（垂直抗力）」を大きくしています。地面抗力とは、足で地面を踏んだときに地面から返ってくる力で、床反力ともよばれています。「二つの物体が互いに力を及ぼしあうとき、それらの力は向きが反対で大きさは等しい」――ニュートン力学における運動の第三法則、いわゆる「作用－反作用の法則」でいえば、地面からの反作用です。

地面抗力を受けた右脚は、左股関節の切り上げによって、土踏まずにエッジがかかり、太ももが内旋。右ひざが目標方向に押し込まれます。このパワーを受け止めるのが、左脚の役割です。左ひざを正面に向けたまま左足を踏み込み、左足土踏まずの内側で受け止めます。このときの左足の踏み込みは、バンプのようにかかとで空き缶を踏みつぶすほど強いものではありません。右ひざの押し込みを左足土踏まずの内側で受け止める程度の、やわらかい踏み込みです。

このように、G1メソッドでは地面抗力を使って、両足土踏まずの内側で板を挟みつけているような感覚をつくり出し、そのまま左脇腹を背中側に切っていくことによって、爆発的な回転力を生み出します。スイングのしっかりした土台をつくるために地面抗力を利用しているわけです。このしっかりした土台があるからこそ、上半身の高速回転が可能になるのです。

左腰はバンプのようにターゲット方向に動かすのではなく、後ろ（背中側）に動かします。右ひじを約90度に曲げ、右前腕部とシャフトがつくる角度をキープしたまま身体の右サイドを側屈させて、左腰を後ろに引くイメージです。

試しに、裏面ダウンをおこないながら、左足を右足の後ろに引いてみてください。右ひじを曲げたまま、右前腕部とシャフトがつくる角度をしっかりとキープできるはずです（図２－11）。

これが、正しい右軸での裏面ダウンの形です。身体の右サイドが側屈すると、あごが少しだけ

左足3対右足7くらいの体重配分で、しっかり右足に体重を残して右軸で回転するのが世界標準のスイング

左肩を開かずに身体の右サイドを側屈させながら、右ひじを絞り込んでいく

2-11

裏面ダウンしながら左足を右足の後ろに引くと、右ひじを曲げたまま、右前腕部とシャフトがつくる角度をキープできる

×

体重が左に乗り、左肩が早く開いたために、クラブヘッドが体の前に出てキャスティングしてしまった状態

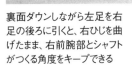

右ひざに近づくような感覚があります。体が沈み込むようなこの感覚がないと、右前腕部とシャフトがつくる角度をキープすることはできません。

じつは、この正しい右軸回転の大切さも、メジャーリーガーのバッティングを研究したことでわかってきました。

メジャーリーガーたちの放った打球は軽々とフェンスを越えていきます。そのパワーの秘密を探ると、ヘッドを背中側に回し込みながらバットを寝かせて、「フラットなゾーン」を長くして押し込んで打っていることがわかります。この「フラットなゾーンを長くし、ボールを押し込む」ことを可能にしているのが、右軸回転にほかなりません。右軸で回転しているからこそ、フラットで長いインパクトゾーンが形成されるのです。

いちばんのお手本は、メジャーリーグ歴代1位となる通算762本のホームランを放ったバリー・ボンズのスイングです。ボンズは左打ちなので、右打ちとは動きが逆になりますが、右足をステップしながら身体の左サイドを側屈。左足に体重を残したまま右脇を思い切り後ろに切って、左ひじを直角に曲げたまま、手元の動きを小さく使って、身体を鋭く回転させてボールを飛ばしています。

この動きは、ゴルフスイングでもまったく同じです。正しく右軸で回転し、体を入れてタメをつくることで、ボールをより遠くに飛ばすことができるのです。

2-5 世界標準の体さばき

カバーリングでボールに体圧をかける

手を返さずに、身体の回転、すなわち「ボディターン」でボールを打つためには、「体さばき」が重要なポイントになります。裏面ダウンにおいて、身体の右サイドを側屈させて肩と腰の捻転差をつくる「体を入れる」動作が必須であることは前述のとおりです。

しかし、じつはもう一つ、大切な体さばきがあります。それが「カバーリング」という動作です（図2-12）。カバーリングをおこなうことで、ボールをしっかりつかまえることができます。

まずは、カバーリングをおこなうまでの流れをおさらいしておきましょう。裏面ダウンでは、身体の右サイドが側屈してあごが沈み込み、右ひざに接近。左股関節が切り上がり、正面（胸側）から見ると、背骨は左側に傾いた状態になります。

その状態から左脇腹を後ろに切り、胸の面がボールに被さるように体幹を押し込みます。このとき、絶対に左ひじを持ち上げてはいけません。左股関節を切り上げながら、左肩の真下にひじが来るように左ひじを下げていきます。すると、左太ももの前にグリップが移動し、胸の面がボールに被さる形になります（図2-12下）。

2-12

裏面ダウンから、胸の面がボールに被さるように体幹を押し込む＝「カバーリング」

ヘッドはつねに背中側に残っている

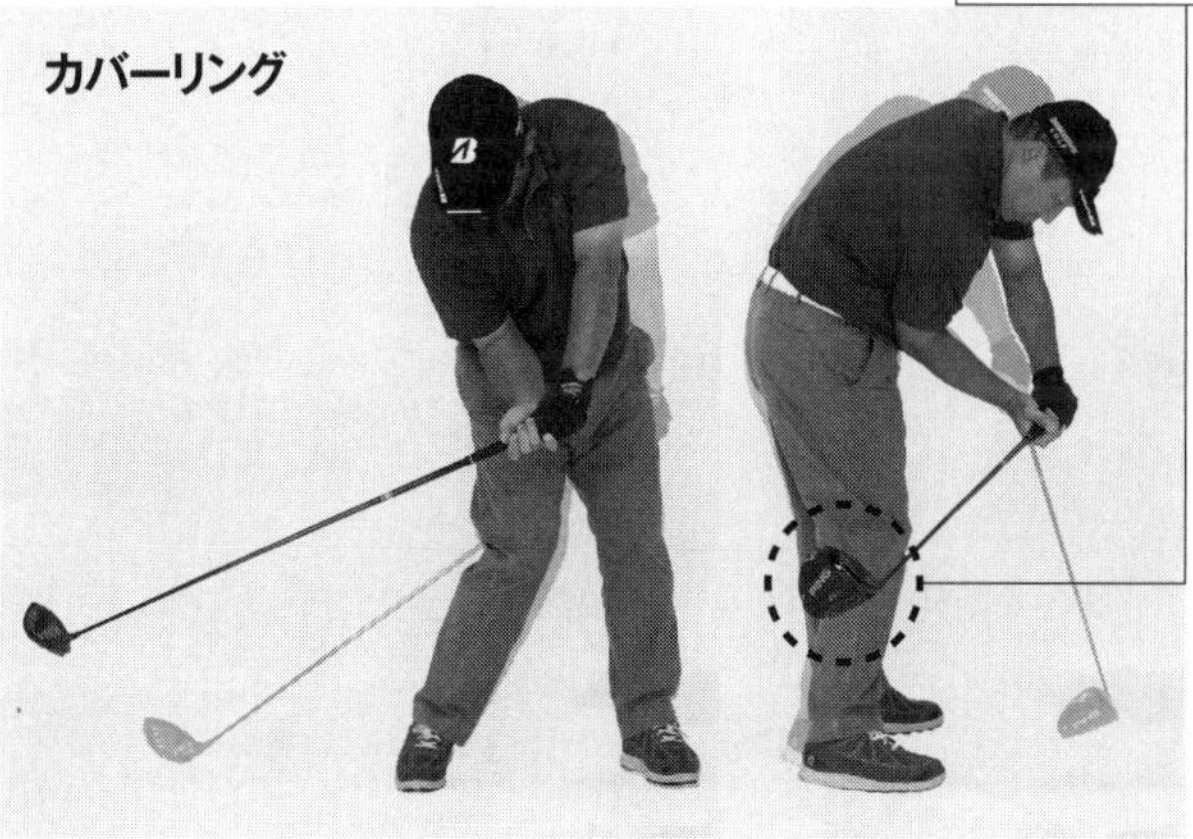

カバーリングによって身体の浮きを抑える体圧をかけながら、左の脇腹を水平に後ろに切る。裏面ダウン以降は、身体の回転にともなって頭も左へ移動する

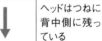

この胸の面がボールに被さるように体幹を動かすことが「カバーリング」です。体幹のポジションが変わらず、正面から見て左肩が上がってしまうと、手元が浮いてボールをすくい上げるようなスイングになってしまいます。カバーリングによって身体の浮きが抑制され、ボールに「体圧」がかかると、グリップエンドが目標方向に出ていくことがなくなります。

しっかりカバーリングをおこなって、ボールに体圧をかけながら左の脇腹を水平に後ろに切っていきます。クラブが背中側に入れ替わるまで、前傾が起きないよう体圧をかけ続けます。

裏面ダウン以降、頭と右肩は若干、目標方向に移動していきます。鼻筋が左足親指の上にくるイメージです。頭を残して左脇腹を後ろに切ろうとすると、右肩が落ちて体が開きます。手元が浮き、すくい打ちを誘発します。頭を無理に残さずに、鼻筋が左足親指の上にくるまで移動させましょう。

しっかり体圧をかけて、胸でボールをカバーリングすることが、第4のポイントです。カバーリングすることで体幹が真っすぐになり、そこから左脇腹を水平に後ろに切ることによって手元が浮かずに、左腰の横にグリップエンドを持っていくことができます。しっかりボールをつかまえるために欠かせない動作ですので、繰り返し練習して身につけてください。

「うねり」を生み出せ

このとき、シャフトの内側が体から離れないように、ヘッドを両肩の真下よりも前に出さないイメージでクラブがハの字を描くように小さくターンする──これが、現在の世界標準になっているクラブさばきです。

クラブを「まーるく振る」ということを別の言い方をすれば、クラブを「ハの字に振る」ということです。

身体を右にねじってムチがグルグルに体に巻きついた状態を想像してください。このムチを体からほどこうとするときに、最初に左手だけで引っ張ってしまう人は下手な人です。ムチをクラブに置き換えると、クラブが身体から離れていってしまいます。そのため、クラブを「まーるく」振ることはできません。

ムチが体に巻きついたまま体をねじり戻し、ムチから脱出できるのが、クラブを身体に引きつけて振れる人、すなわち、クラブを「まーるく」振れる人です。なるべくシャフトの内側が右脚太ももから離れないようにクラブを「ハの字」に振ると、左胸が後方に引かれ、右のお尻が正面を向くようなフィニッシュになります（図2－13）。

やってみるとわかりますが、このクラブさばきは、上半身だけでは実現できません。フットワークを使うことによって初めて、このようなクラブさばきが可能になります。

G1メソッドでは、これを「うねりのフットワーク」とよんでいます。具体的には、両ひざを

足元に置いた2本のクラブが描く「ハの字」をイメージしながらスイングする

シャフトの内側がなるべく右脚太ももから離れないようにクラブを「ハの字」に振ると、左胸が後方に引かれ、右のお尻が正面を向くようなフィニッシュになる。上半身だけでは実現できないこのクラブさばきを可能にするのが「うねりのフットワーク」

正面に向けたまま、バックスイングでは左内ももの内旋、フォローでは右内ももの内旋によって、両脚股関節の切り上げ／切り下げをおこないます。

このとき、必ず両足土踏まずの内側で回転します。ひざが割れて、それ以上、体が外に流れないようにしてください。

このうねりのフットワークが、インパクトのゾーンをつくります。G1メソッドのインパクトは「点」ではありません。クラブが右ひざの横から左足の外側まで動くゾーンでインパクトするイメージです。そして、このゾーンを生み出すのが、「うねりのフットワーク」にほかなりません。これが、パワーアップスイングの第5のポイントです。

イメージしていただきたいのは、船を漕いでいるときのオールの動きです。

実際に体感してみましょう。まず、ボートのオールを持つときのように、フェースを上に向けてクラブを持ちます。左手は手のひらが下を向くようにグリップエンドを持ち、右手はシャフトの真ん中あたりを上から握る形になります（図2－14上）。

準備ができたら、ひざのクッションを使って、左右の股関節の切り上げ／切り下げを繰り返し、立って船を漕ぐようにクラブを体に巻きつけて動かしてみます。クラブは勝手に、ハの字を描くように動くはずです。股関節を切り上げるときは両足ともにかかとの内側に体重をかけ、ターンするときには左右の土踏まずの内側で回るように注意してください。

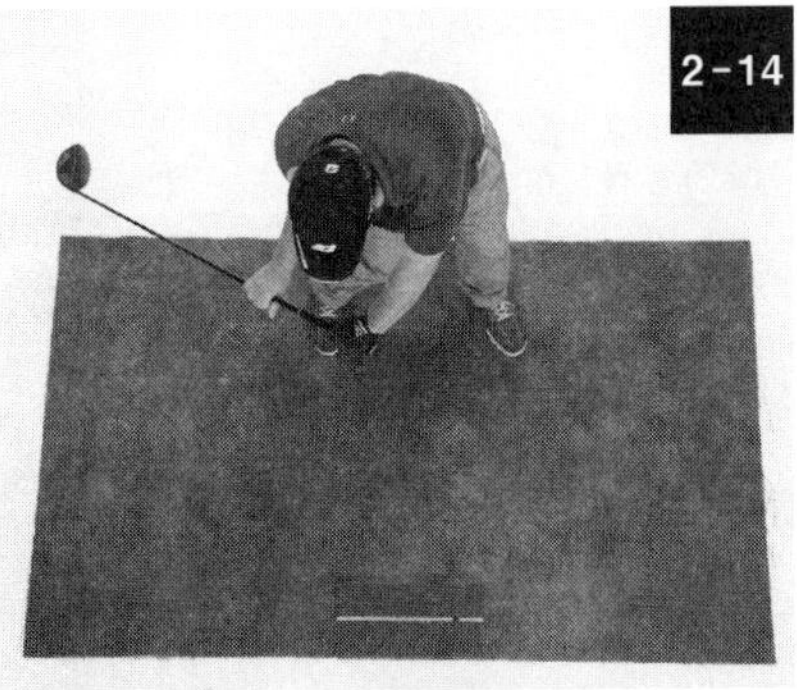

ひざのクッションを使って、左右の股関節の切り上げ／切り下げを繰り返し、船を漕ぐようにクラブを体に巻きつけて動かす。クラブは勝手に、ハの字を描くように動く

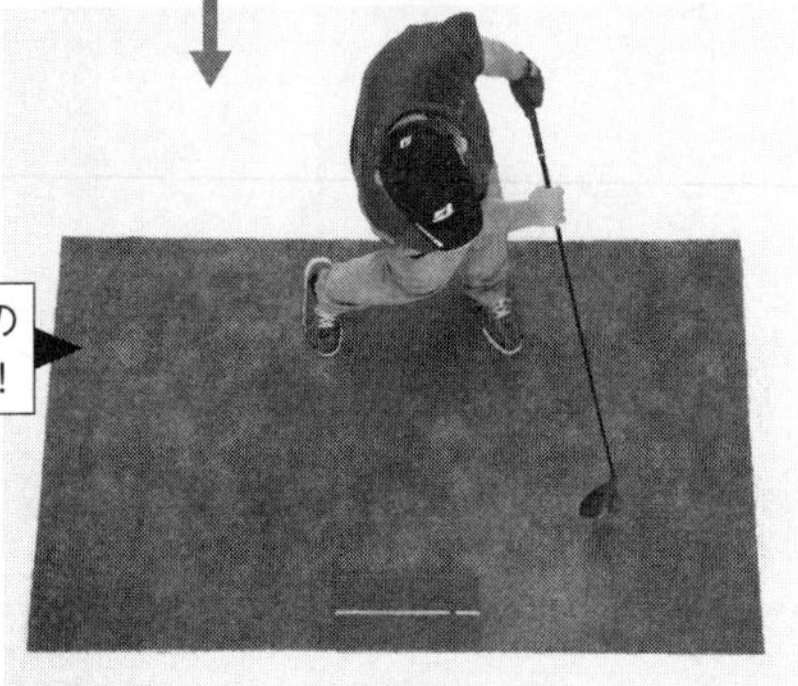

左右両足の土踏まずの内側で回るのがポイント!

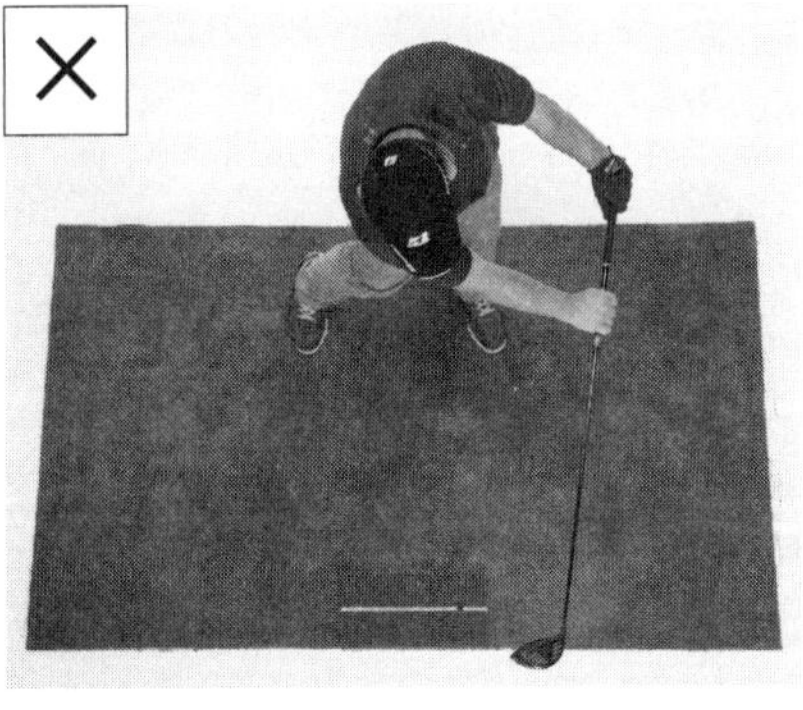

フットワークを使わずに腕でクラブを操作すると、クラブはハの字を描かない

前著でも紹介した、両脚の付け根の上に乗っている大きなサラダボウルの底を、両脚の付け根に沿って滑らせるようなイメージでフットワークを使います（図２－14中）。

ポイントは、シャフトが絶対に体から離れないようにすることです。４時半のポジションでは右太ももの近くにシャフトがあります。スイング中もこの距離をキープし、シャフトが右太ももから離れないようにしましょう。

クラブヘッドは、シャフトよりもさらに内側（身体側）に位置し、シャフトより前に出ることはありません。トゥを背中側に向けたまま、ずっとシャフトの内側にあり続けます。右のお尻が正面を向くぐらい、しっかりと体を回してください。

オールを持つときの形をキープしたまま、グリップエンドが背中側まで回り込んだら、右手を持ち替えて、ふつうにスイングするときのようにグリップしてください。すると、自分から見て右前腕部とシャフトが「く」の字形になり、フェースは上を向いて右腰の延長線上にフワッと浮いてきます。これが、フォローの正しい形です。

ぜひ船を漕ぐようなイメージでクラブを動かし、うねりのフットワークでクラブが体に巻きついたまま、「小さく」ターンする感覚をつかんでください。

「マットでは打てるのに、芝でうまく打てない人」の特徴とは？

しっかりとボールをカバーリングし、十分に体圧がかかると、「低く、長い」インパクトゾーンが形成できます。練習場のマットではそこそこ打てても、芝の上でうまく打てない人は、こういうスイングができていない証拠です。背中が入れ替わるまで胸の面でボールをカバーリングし、前傾を崩さないようスイングすれば、芝の上にあるボールでも難なく打てるようになります。

「低く、長いインパクト」の対極が、「点のインパクト」です。V字形のスイング軌道で一直線に芝生を叩くような打ち方になるため、インパクトの瞬間に身体が起きて体圧が逃げ、ボールに力が伝わりません。

インパクトでヘッドを「ドン！」と打ち込むイメージの人は、まさにこのタイプです。いかにも力がかかっていそうな「ドン！」の瞬間に、伸び上がって体圧がそがれているため、エネルギーをロスしています。

同様に、うねりのフットワークを使って「ハの字」にクラブを扱うクラブさばきができない人も、芝の上のボールを打つことが苦手です。手を突き出してフェースをボールに合わせにいくため、やはり「点のインパクト」になってしまい、少しでも打点がズレると、ダフリやトップのミスにつながります。

インパクトゾーンでは、背中側にクラブヘッドを残したまま、うねりのフットワークを使って「小さく」回転し、右ひざの横から左足の外までクラブを振ります。すると、アイアンではヘッドが芝に刺さらず、ヒール側から接地するようになり、ボールの先のターフを「薄く、長く」削りとることができます。

トップから、クラブの重心をずらしながら「右前腕の回外プロペラ」を入れて、ヘッドを背中側に残したままクラブが体に巻きついて落下してくると、腰の高さでフェース面は地面と水平になります。このとき、右手の甲と左手のひらは地面を向き、右ひじは90度に曲がった状態が保たれています。飛球線後方から見た際に、右ひじよりも左ひじが高く、互い違いになっているのが正解です。

その状態から、飛行機が水平に機体を保ちながら、浅い入射角で着陸するようなイメージで、身体の回転と両腕の動きをマッチさせてハンドファーストをキープしたままスイングしてください。左手のひらで地面を押さえつけるように徐々に左ひじを下げていき、左ひじを左肩の真下に移動。両ひじの高さがそろったら、両ひじを体から離さずに左胸を後ろに引き、グリップエンドを左腰の横に入れます。すると、飛行機がソフトランディングするように、クラブヘッドが降りてくるはずです。

このとき、ヘッドをボールに合わせようとするのは絶対にＮＧです。ドライバーに限らず、裏面ダウンを必要とするショット、すなわち、フェアウェイウッドやユーティリティ、アイアンを手にしたときと、アプローチのピッチショットやロブショット（ショートハイロブは除く）、バンカーショットでは、裏面ダウンの後、ヘッドを右ひざより下に落とさないイメージが大切です。ヘッドを体の前面に出さずに、ハの字に地面と水平に振っていくイメージです。

ヘッドのトゥ側を背中側に向けたまま、胸でボールをカバーリング。同時にグリップエンドを直角に左腰の横へ入れると、ヘッドは裏面のヒール側から接地します。そのとき、顔の鼻筋は左足かかとの垂線上にきて、右肩があごの下に押し込まれます。

手を使ってボールを当てにいかなくても、フェースは必ずボールの下に入ってきます。

G1メソッドの体さばきとクラブさばきによって「手を使わないスイング」をマスターして、芝の上でもマットと同じように打てる、実戦に強いスイングを手に入れてください。

ゴルフスイングは「三次元の立体的な動き」

裏面ダウンで身体の右サイドを側屈させたら、胸の面でボールをカバーリングして体圧をかける。そのまま左胸と左脇腹を後ろに引き、水平ターンをおこなって「ハの字」にクラブをさばくことができると、ゴルフスイングは「三次元の立体的な動き」になります。

クラブの描く軌道を「スイングプレーン」とよぶこともあり、どうしても「二次元の平面的な動き」をイメージしがちですが、G1メソッドのスイングは違います。

「右サイドを側屈させながら体を入れる」、「上半身でボールにかぶさるカバーリング」、「左胸と左脇腹を後ろに引き、水平ターン」――この三つの体さばきと、「ハの字」のクラブさばきを連動させることで、三次元の立体的ターンに基づくボディターンスイングが実現します。

この三次元の立体的なターンをマスターするには、サッカーボールを使ったドリルが最適です（図２－15）。

まず、サッカーボールを両手で挟むようにして持ち、アドレスの体勢をとります。その体勢からバックスイングを開始し、右耳の横までボールを上げていきます。左手の甲は身体の正面側を、右手の甲は背中側を向きます。

その体勢から右前腕部を回外し、右ひじを体の前に入れながら裏面ダウン。右ひじの角度は直角で、右手の甲が地面、左手の甲が天を向くように、ボールを落下させます。

最後に、上半身の形を変えずに、右手がボールの下、左手がボールの上にある状態のまま、目標方向にボールを投げます。ボールが横回転をしながら目標方向に真っすぐ飛んだら、三次元の立体的な身体の使い方ができている証拠です。

ところが、実際にやってみると、きちんとできる人は少数です。どうしても4時半のポジションから手を前に出し、自分から見てボールが縦回転するように腕を回旋させてしまうのです。そ

2-15

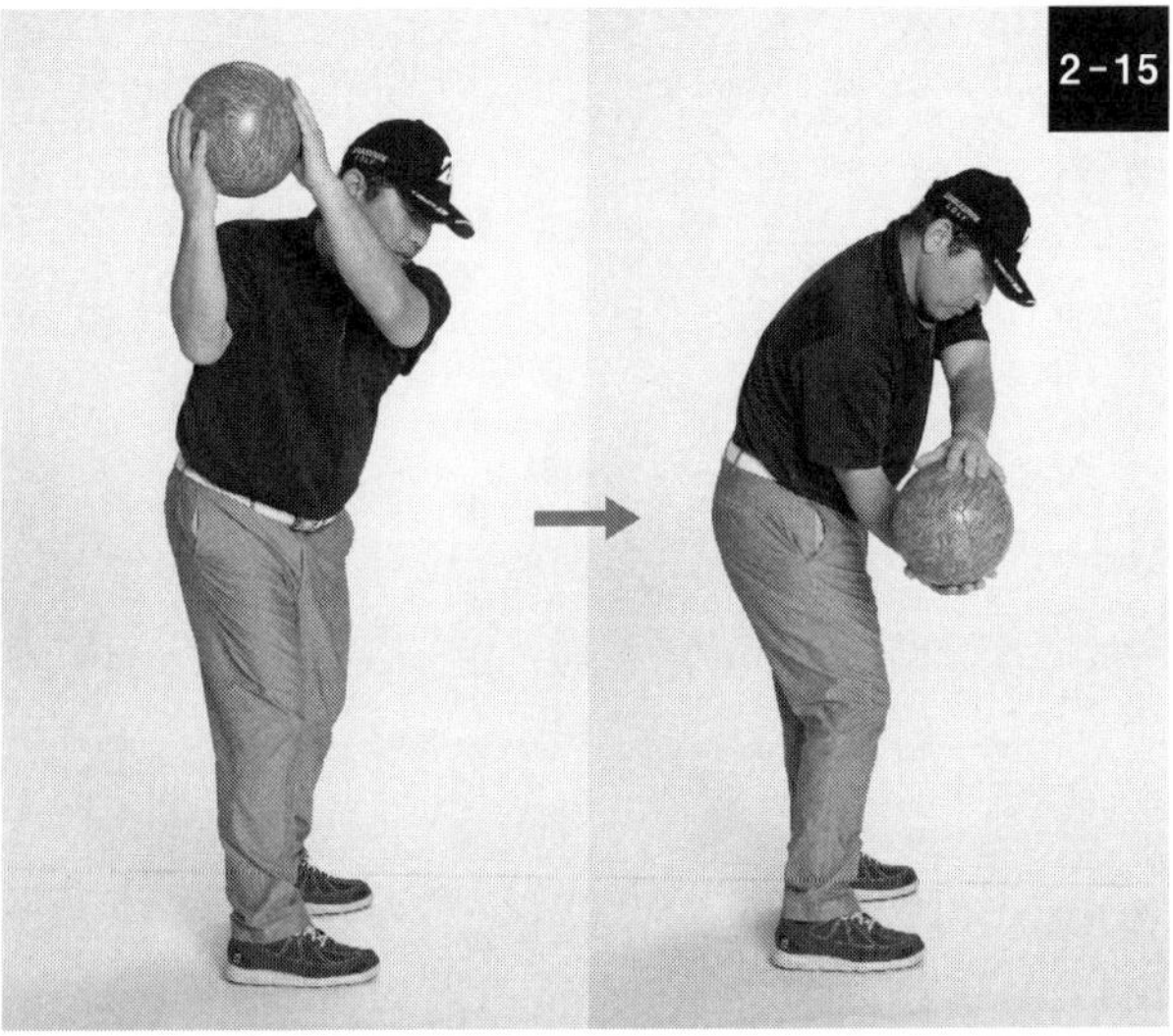

右耳の横までボールを上げると、左手の甲は身体の正面側、右手の甲は背中側を向く

右前腕部を回外し、右ひじを体の前に入れながら裏面ダウン。右ひじの角度は直角で、右手の甲が地面、左手の甲が天を向く

上半身の形を変えずに、右手がボールの下、左手がボールの上にある状態のまま、ボールを投げる。横回転しながら目標方向に真っすぐ飛んだら、三次元の立体的な身体の使い方ができている証拠

の結果、手の位置関係が変わり、ボールは目標よりも左に飛んでしまいます。

また、裏面ダウンで右サイドが側屈した状態から、しっかりと胸でボールをカバーリングせずに、背骨を右に傾けたまま左肩を開いてしまう人も多く見受けられます。しっかりカバーリングをしてボールに体圧をかけることができないと、手元が浮いて、ボールは目標よりも上に飛んでいってしまいます。

ボールを放す瞬間に、背中を反らしてもいけません。背中に板が張りついているイメージを持って、平らに回転するようにしてください。

サッカーボールを使ったこのドリルは、「三次元の立体的なボディターンスイング」を体感するのに最適なドリルです。ぜひ繰り返し練習して、三次元の立体的なボディターンでスイングする感覚を養ってください。

ハンマー投げの誤解——向心力を意識する

前著を出した後、反省したことがもう一つありました。それは、「ハンマー投げ」という言葉の解説が不十分だったことです。

背中がターゲットの左斜め45度前方を向く「4時半のポジション」＝裏面ダウンで「背中越し」を感じたら、背骨を軸に１８０度クルッと背中を入れ替えるのが、「ハンマー投げ」です。

G1メソッドのなかでも非常に重要な部分なので、前著では、「ハンマー投げ」のように背中越しを意識して身体を回転させることを強調しました。

じつは、この「ハンマー投げ」の動作をおこなう際には、もう一つ欠かせない要素があります。「向心力」です。身体を回転させると、クラブには遠心力が働き、体から離れていこうとします。その遠心力に拮抗し、体から離れないようにクラブを引きつける力が向心力です。

向心力をしっかり働かせてスイングすると、背中が入れ替わって胸がターゲット方向を向いたときに、グリップエンドは体のすぐ近くにあります。グリップエンドは、こぶし一つ分くらいしか体から離れません。

ところが、前著を読んでG1メソッドを実践しようと試みている人のなかに、フォローでクラブが体から離れてしまう方が目立ちました。「ハンマー投げ」という表現で誤解が生じてしまったのか、フォローでクラブを放り投げるように、手を伸ばして振ってしまう人が非常に多かったのです。

フォローで両腕を伸ばし、クラブが体から離れると、ボールは右に飛んでしまいます。必ず、向心力によってクラブが体から離れないように引きつけなくてはいけません。

本書では、向心力の重要性をあらためて強調したいと思います。背中をクルッと入れ替える「ハンマー投げ」をおこなうときは、必ず「向心力」でクラブを引きつける――。これが、第6

のポイントです。

クラブは「短く」「近く」「軽く」感じて振る

クラブを体に引きつけて、小さく振るスイングが現在の世界標準であることは、これまで説明してきたとおりです。このスイングができるようになると、クラブを短く感じて振れるようになります。シャフトが体から離れないので、クラブヘッドも体の近くにある感覚があります。クラブを「短く」「近く」感じて振れるようになれば、世界標準のスイングに近づいている証拠です。

そして、世界標準のスイングを体得するために大切な感覚がもう一つあります。クラブを「軽く」感じて振ることです。私は、どのクラブを手にしたときも、実際の重さよりもずっと軽いものを振っている感覚でスイングしています。クラブを体に引きつけて、小さく回ることができれば、クラブは実際に軽く感じるものなのです。

この三つの感覚――クラブを「短く」「近く」「軽く」感じて振るためのドリルを紹介します。適当なクラブを逆さまにしてヘッドの側を右手だけでグリップし、そのままトップのポジションに上げてください。その体勢から、なるべくクラブを体に引きつけて小さく回り、シャフトが両耳の裏側で地面と平行になるところまで右手一本で一気に振っていきます。先端が「グリップ」なので、クラブを軽く感じて振ることができるはずです。

何度か繰り返したら、次に「グリップ」を右手で持ってスイングしてください。このとき、クラブを逆さまにして「グリップ」側を振ったときと同じ重さを感じてヘッドを振ることができれば、そのスイングは本物です。クラブを体に引きつけて、小さく回ることができています。実際に、クラブが「短く」「近く」「軽く」感じるでしょう。

一方、ヘッド側を振ったとたんにクラブが重く感じる人は、早い段階で右ひじが伸びてキャスティングしている証拠です。「グリップ」側とヘッド側を振ったときの、重さの感覚のギャップが大きい人は、リストターンして体の前でヘッドを走らせるスイングからいまだ抜け切れていないと考えてください。

クラブを「長く」「遠く」、そして「重く」感じて振っているうちは、上達は望めません。「短く」「近く」「軽く」感じるスイングを目指しましょう。

「身体の左サイド」をどう使うか

「ハンマー投げ」をするときの体の使い方について、もう少し詳しく説明しましょう。

左腰に刀の鞘《さや》が差さっていると想像してください。その鞘にグリップエンドを納めるように、クラブを引きつけ、小さく回るイメージです。

このとき、身体の回転を止めて、手で引っ張ってクラブをそのポジションに持っていってはいけません。左胸と左脇腹を後ろに切り、しっかりと身体の左サイドを引いて、自然にそのポジションにクラブが納まるようにしてください。

身体の左サイドの使い方をマスターするためのドリルを一つ紹介します（図2-16）。

このドリルでは、ドライバーを使います。まず、フェースを上に向けて、シャフトが飛球線と平行になるように、体の前でドライバーを持ちます。

このとき、右手は手のひらを上に向けて、シャフトの真ん中あたりを下から持つようにします。左手は親指を「グリップ」の先端の内側に添えて、人差し指を引っかけて下から支えます。すると、手のひらが下を向き、手首が背屈します。

その形ができたら、右手をシャフトから離し、左手の人差し指一本でクラブを支えます。人差し指とクラブが接触している部分が力点になります。左前腕部とシャフトがつくる角度をキープしたまま、肩甲骨を後ろに引く感じで左腕を左のお尻の裏に隠すように回転していきます。

すると、左腕は体から離れず、左手が左太ももの外側をなめるように動いていき、左のお尻の裏まで移動すると、クラブヘッドの位置が入れ替わり、もう一度シャフトが飛球線に平行になります。ちょうど自分が線路の真ん中に立っているイメージで、前にあったクラブが背中側に入れ替わります。

これが左腕の正しい使い方です。左腕を目標方向に出してしまうと、ボールはつかまりませ

2-16

「身体の左サイドを引いて回転するイメージ」をつくる

1

グリップエンドを目標方向に向け、右手をシャフトから離して、左手の人差し指一本でクラブを支える

2

左前腕部とシャフトがつくる角度をキープしたまま肩甲骨を後ろに引き、左腕を左のお尻の裏に隠すように回転していく

3

左腕はきわめて体に近いところを通り、左手がお尻の裏まで移動すると、グリップエンドが目標と反対方向を向き、クラブの向きが180度入れ替わる

ん。正面から見て左手が左脚の外側まで来たら、それ以上は目標方向に出そうとしないでください。まっすぐ進んできた魚が一瞬で頭の向きを90度変えて泳いでいくようなイメージで、肩甲骨を引いてグリップエンドを左腰の横に直角に入れ、そのまま左手を左のお尻の裏のほうに持っていきます。

このとき、絶対に左前腕部の内側とシャフトがつくる角度を変えないことがポイントです。そのためには、左手首が背屈した状態をキープすることが絶対条件です。もし左手が掌屈したら、クラブヘッドがロールしてしまい、クラブをコントロールすることができなくなります。

左手のひらが下を向いた状態で手首を背屈させ、人差し指で力点を感じて、フェースの面を変えずに上を向けたまま、左のお尻の後ろまで持ってくる——。これが、左サイドの正しい動きのイメージです。

「ミカンの皮をむく感覚」を叩き込む

一方、身体の右サイドは右ひじを伸ばさずに、グーの形のまま下からクラブを支え、右前腕部とシャフトがつくる角度を変えないように維持します。スイング中にフェースの向きを変えないようにするためには、この右手のグーと左手首の背屈をキープすることが非常に大切です。

裏面ダウンからフォローにかけて、私には両手でミカンの皮をむくときのように、両手を外側に回すような感覚があります。左ひじを少し曲げたまま、左脇を締めずに水平チョップのようにターンして、両ひじの間隔が広がったままスイングするイメージです。右手はつねに下の状態を保ち、クラブのフェースをつねに開いたまま、フィニッシュまで持っていってください。

絶対にやってはいけないのが、これとは逆の動きです。両腕を内側に回して、ぞうきんをしぼるような動きはNGです。両腕をしぼると必ず手が返り、グリップエンド中心のスイングになって、ボールを突きにいってしまいます。

両腕が外側に回るのはあくまで感覚的なものですが、こういう感覚を感じることができるようになれば、正しいスイングができている証拠です。ぜひこの「ミカンの皮をむくときのような感覚」を感じることができるようになってください。

「4カックン」でハの字に振る

ここまで、バックスイングからフォローまでの身体の使い方とクラブの動きを見てきましたが、体の回転ベクトルとクラブの動きを同調させると、四つの角度があることがわかりました。スイングの四つの局面でこの角度ができていると、体の回転ベクトルとクラブの動きが同調し、クラブを身体に引きつけたまま、「小さく、まーるく」振ることができます。

①バックスイングで手元が腰の高さまで上がったハーフウェイバック

②クラブヘッドが右耳と右肩のあいだに倒れ込んできたトップ
③インサイドアタックがはじまる4時半のポジション
④グリップエンドが左腰まで移動したY字インパクト

この四つのポジションで、右前腕部とシャフトがつくる角度を90度にキープできていれば、クラブが体に巻きつき、ハの字を描くことがわかったのです。

私は、これを「4カックン」と名づけ、レッスンに採り入れています（図2－17）。

一つめのカックンは、ハーフウェイバックでできる角度です。バックスイングで、右肩と肩甲骨を後方に引く動作とフェースが開きながら上がっていこうとするクラブヘッドの動きが同調し、ヘッドが右のお尻の延長線上まで引かれたときに、右前腕部とシャフトには90度の角度ができます。これが一つめの角度、「1カックン」です。

よく、クラブフェースをずっとボールに向けたままスイングする人がいますが、G1メソッドではそのようなスイングはしません。身体の回転ベクトルにマッチした上げ方をすれば、クラブヘッドは自然とトゥが立ちながらフェースが開いて上がっていきます。

両ひざを正面に向けたまま上体を捻っていくと、この1カックンのポイントで腰の回転にブレーキがかかります。そこから右手の中指と薬指でレバーを引くイメージで、右前腕部とシャフトの角度（90度）をキープしたままクラブを上げていくと、クラブヘッドは右耳と右肩のあいだに

2-17

正面から見たようす

後方から見たようす

4カックンの各段階で、右前腕部とシャフトのつくる角度を90度にできていれば、クラブを身体に引きつけたまま、「小さく、まーるく」振ることができる

倒れ込んできます。このとき、右ひじも90度に曲がります。これが、二つめの角度、「2カックン」です。「2カックン」では、シャフト、右前腕部、右上腕部がコの字形になります。

トップから切り返したら、右前腕部を回外すると同時に右ひじを曲げたまま内転させ、クラブの重心をずらしながらプロペラを回すようにクラブを落として、クラブヘッドを頭上時計の4時半の方向に向けます。この裏面ダウンでクラブが4時半のポジションに収まったとき、右前腕部とシャフトがつくる角度が、「3カックン」です。「3カックン」でも、右前腕部とシャフトがつくる角度、右ひじの角度ともに、90度のままです。

4番めの角度＝「4カックン」は、胸がターゲット方向に向くまで身体が回転し、グリップエンドが左腰に移動したときに右前腕部とシャフトがつくる角度です。左腰にある刀の鞘にグリップエンドが収まり、クラブヘッドが右腰の延長線上にくると、右前腕部とシャフトに90度の角度がつき、自分から見て「くの字」形になります。このときの右前腕部とシャフトがつくる角度が、「4カックン」です。

アーリーリリースでクラブがすぐ地面に落ちてしまう人は、特に「4カックン」を意識するようにしてください。フォローまで右前腕部とシャフトの角度をキープしてハの字に振ることができれば、ハンドファーストの状態でボールをとらえることができます。

この四つのカックン（角度）を意識することで、クラブの重心を暴れさせずにクラブが体に巻きつくようにスイングできるようになります。ぜひ、この四つのカックン（角度）を意識して、練習に励んでください。

スイングの「しぼり」とはなにか？

フォローからフィニッシュに導く動きでは、「しぼり」の感覚が大切です。

トップでつくられた上半身と下半身のねじれ＝Xファクターはフォローでいったん解消されますが、フィニッシュにかけて左脚の付け根の内側で、バックスイングとは反対方向に再度、身体がねじられます。この、左脚太ももの付け根の上で身体が回転する動きが「しぼり」です（図2－18）。

しぼりの段階で、左ひざがターゲット方向に流れたり、伸びたりしてはいけません。スタンスより少し幅の広い板を両足の土踏まずの内側で挟んでいるイメージで、左ひざがしっかりと正面を向いたまま、左脚付け根の内側で雑巾をしぼるように身体をねじります。

フォローで手が体から離れてしまうと、しぼりの感覚は出ません。フォローでは、両ひじが胸の面とそろい、ほとんどお腹の上に乗っているような状態になります。そのまま回転を続けると、フィニッシュでも、両ひじの間隔は変わらずにそろったまま、身体の真後ろまで回ります。正面から見ると、両ひじは身体の幅の中に隠れ、クラブのシャフトが両耳の後ろで地面と平行に

2-18

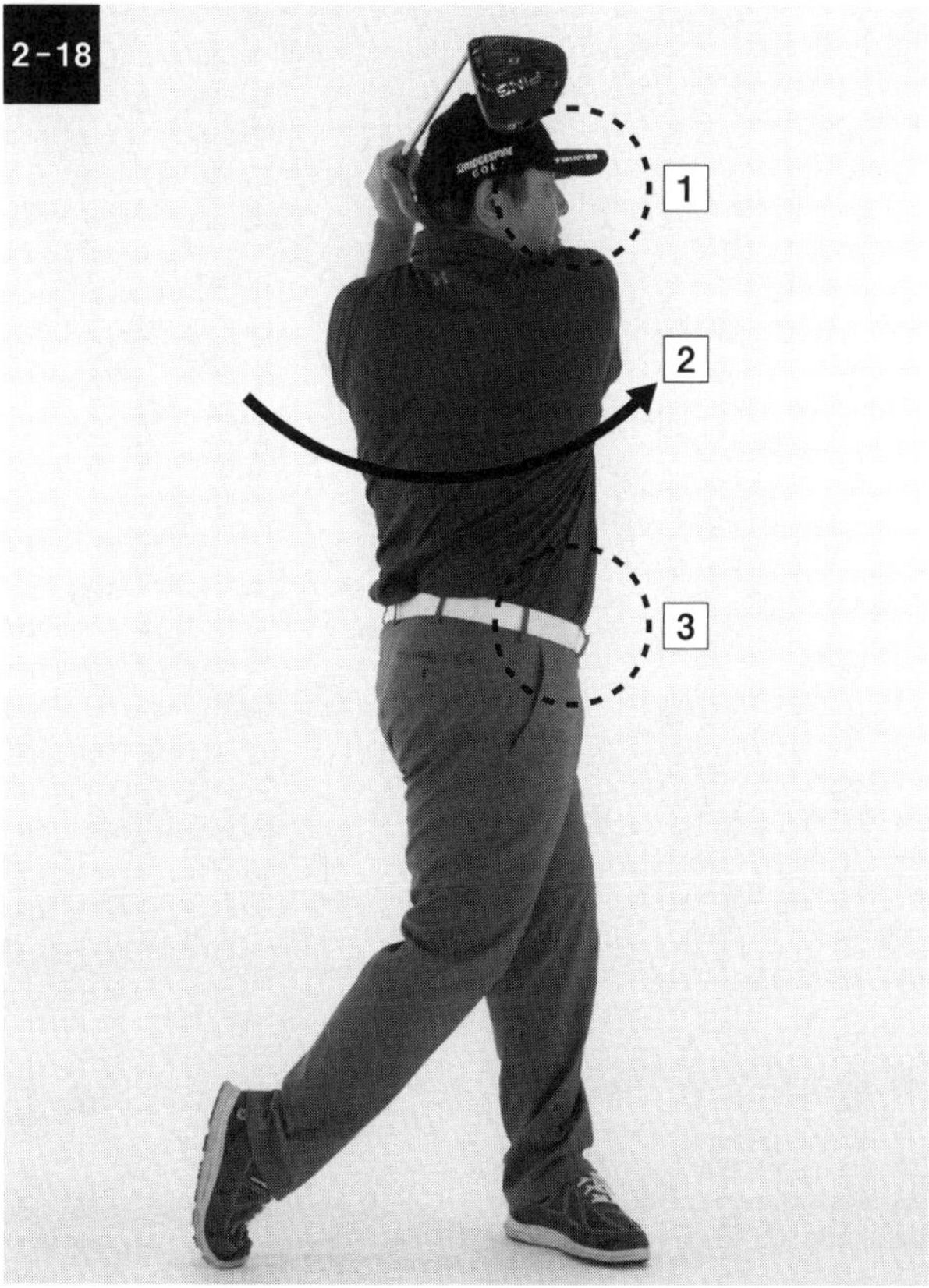

「しぼり」とは……

1 左腕は身体の幅に収まり、腕やひじが身体の幅からはみ出すことはない

2 胸は腰よりもさらに回転し、目標の45度左を向く

3 腰は完全に回り切ってベルトのバックルが飛球線方向を向き、両腰を結んだラインは飛球線と垂直になる

なります。このときに、左脚の付け根の内側で「身体がしぼられている」感覚が大切なのです。

左脚太ももの付け根の内側で、雑巾がしぼられるように上半身がフルターンします。正面から背中が見えるぐらい、上体がねじられるのが理想です。

正面を向き、クラブのシャフトを左耳につけて、シャフトが地面と平行になるように両ひじの高さをそろえて担いでください。その状態から両ひじの間隔を変えずに反時計回りに背中をくるりと回していくと、左脚太ももの付け根の上で上体がねじられ、クラブはフィニッシュのポジションに収まります。これが、理想的なしぼりです。右上腕部の内側が胸に密着し、右腕はL字の形になって体に巻きつきます。

しぼりの動きができると、グリップエンドが身体の近くを通り、小さく回ることができます。クラブの遠心力を感じて、「クラブに振られる」ような感覚が大切です。

ポイントは、右ひじが体から離れずに、フィニッシュで右腕が体に巻きつくことです。右ひじが体から離れて右腕が伸びてしまうと、軸が前に突っ込んでいってしまいます。腕を返さずにクラブヘッドを背中側に残したままクルッと回って、最後に右手を胸に巻きつけるようにします。

フォローから先は、左脚太ももの付け根の上で回転して、しぼりの動きができると、フィニッシュでは両脚の太ももが密着し、右足親指の外側部分で地面を蹴りながらつま先が立ちます。左脇腹はしっかりと後方に引かれ、背中が正面を向くぐらいまで上半身が回転します。これが、インバランスフィニッシュです。

右腕は胸に巻きついて、右手の甲側が目標と正対します。右ひじを伸ばさずに右前腕部とシャフトがつくる角度をキープしたまま、クラブが体から離れないように向心力で引きつけて背中を入れ替えると、まったくフェース面が変わらず、右手はトップと同じグーの形になります。

フィニッシュでは、トップのときと同じように右手の人差し指と親指がつくるV字の底に「グリップ」がグッと入ってくる感じがあります。スイング中は、「右手がグー」の形を変えないこと。これも、大事なポイントです。

私が敬愛する伝説のゴルフプレーヤー、ベン・ホーガンの右手も、「トップでもグー、フィニッシュでもグー」の形をしています。最近では、石川遼やアダム・スコットも、フィニッシュまで「右手がグー」の形が保たれています。

稀代のストライカーはみな、トップからフィニッシュまで「右手がグー」です。みなさんも、「右手がグー」の形を覚え、フィニッシュまでキープするクセをつけていきましょう。

最後まで手を返さなければ、フィニッシュでクラブヘッドのトゥが斜め前方を指します。フィニッシュでトゥが斜め後方を指してフェースが上を向いてしまう人は、手を返している証拠です。トッププロたちは必ず、フィニッシュでトゥが斜め前方を向く形をつくっています。

フィニッシュでトゥがどこを向いているか——必ず、斜め前方を向いていることを確認するようにしましょう。

＊

本章の冒頭で指摘したように、「世界標準のスイング」は日々、進化しています。

ここで紹介した、スイングをさらにパワーアップさせるためのポイントをマスターすれば、あなたのドライバーはもっともっと遠くへ、そして真っすぐ飛ぶようになります。しっかり頭に入れて練習し、「真っすぐ」「遠くに」飛ばす理想のドライバーショットを手に入れましょう。

IRON

第3章

世界標準のアイアン

——最少打数で「グリーンに運ぶ」テクニック

3-1 「第2打からの素振り」は芝の上で

「ヒールで芝を擦ってハーフスイング」が理想

G1メソッドでは、裏面ダウンからヘッドを背中側に残し、胸の面とシャフトを平行にしたまま「ハの字」に振り抜くので、グリップ側がヘッドよりも先行したハンドファーストの形が基本です。フェースは返さずに、「右手が下」の状態がずっとキープされるため、ヘッドが最初に地面に接するのは、必ずヒール側になります。

したがってG1メソッドでは、「第2打以降のショットは必ず、ソールのヒール側で芝先をサッと擦ってハーフスイングの素振りをしてください」と指導しています。芝から打つクラブは、ヒールから地面に接地したクラブヘッドが芝の上を滑って「ボールだけかっさらう」イメージが大切です。ヒールを滑らせると、ヘッドの抜けが良くなるので、回転力が増します。

トゥ側は、絶対に地面につけてはいけません。トゥ側で芝を擦るように素振りをするとフェースが返って、必ず「点のインパクト」になってしまいます（点のインパクトの問題点は、前章で指摘したとおりです）。ヒール側だけが芝を擦るように素振りをすることで、スイングレフトで「まーるく」振れるようになります。

素振りをする際のポイントが、もう一つあります。「インパクト後に最高スピードが出る」、しぼりを意識したハーフスイングの素振りをおこなうことです。

ゴルフのスイングでは、右手と左手の協応した動きによって、クラブが背面に入れ替わる瞬間に、最もスピードが出ます。正面時計で見て4時あたりの位置で、最高速度が出るイメージです。この位置で最高スピードが出るためには、クラブが体に巻きついて降りてきて、目の前にある大木と自分の体の隙間を最短距離ですり抜けるようなイメージで振り抜く必要があります。

また、クラブをギュッと握っていてもいけません。左手の親指と人差し指でひものようなものをつまんで、そのひもを体のまわりで「まーるく」なびかせるようなイメージで、残像を残すようななめらかな素振りをしたほうが、かえってスピードが出ることを知っておいてください。

3-2 世界標準の傾斜地ショット①――「左足上がり」と「左足下がり」

「間違った打ち方」をしている人が大多数

ここからは、状況別の対処法を解説していきます。まずは傾斜地での対処法です。

傾斜地からのショットを苦手としているアマチュアゴルファーは少なくありません。せっかくいい調子で回ってきたのに、斜面に来たとたんにミスショット、そこからスコアを崩してしまう……、という人をよく見かけます。

傾斜地でミスをしてしまう原因の一つとして、やはり経験不足が挙げられます。アマチュアゴルファーの場合、ふだんは平坦なライで練習している人がほとんどです。そのため、ラウンド回数の少ない人は、傾斜地から打つ経験が圧倒的に不足しています。自信を持って打つことができず、「手打ちでボールに合わせにいく」という人が多いのではないでしょうか。

また、「間違った打ち方」をしてミスをしている人も、少なからずいらっしゃいます。ミスを誘発しやすいアドレスやスイングをしている人が少なくないのです。

ここでは、「世界標準のスイング」の基本を応用した、G1メソッド流の傾斜地の打ち方を伝授します。

「左足上がり」の場合——背骨を地面と垂直にして構える

まずは「左足上がり」の傾斜地からはじめましょう。

左足上がりで大切なことは、傾斜に逆らわずに構えることです。背骨が斜面に対して垂直になるように、右足体重で構えます（図３－１）。

ボールは、両足の真ん中よりもボール一つ分、左に置きます。肩のラインは飛球線ラインと平行に構えてください。左に引っかけそうだからと、右を向いて構えてはいけません。

左足上がりに限らず、ここで紹介するＧ１メソッドの打ち方をすれば、どんな傾斜からでもボールをまっすぐ飛ばすことができます。左足上がりとつま先上がりではボールがフックすることを想定して右に、左足下がりとつま先下がりはスライスすることを想定して左に、それぞれ向いて構える人をよく見かけますが、そんなことをする必要はありません。ターゲットに対して、必ずスクエアに構えるようにしてください。

左足上がりでは、背骨を斜面と垂直にして右足体重で構えているぶんだけ、クラブのロフトは寝ています。平坦な場所で打つときよりも当然、ボールが高く上がり、飛距離は若干、落ちます。しかし、平坦なライ同様、ボールは真っすぐ飛んでいきますから、ターゲットに対しては真っすぐ構えるのが鉄則です。

1 背骨が斜面に対して垂直になるように、右足体重で構える

2 ボールは、両足の真ん中よりもボール1つ分、左に置く

3 肩のラインは飛球線と平行に。
左に引っかけるのを恐れて、右を向いて構えるのはNG！

4 クラブを「低く」「まーるく」「小さく」振る。
スイングレフト！

5 フォローではクラブヘッドのソールが天を向き、フェースが自分を向くようにひじをたたむ。
最後はインバランスフィニッシュ！

この構えができたら、あとは基本どおりのG1メソッドのスイングをするだけです。体の回転がストップすると手打ちになります。背中側にクラブヘッドを残したまましっかり体を入れて、カバーリングしながらスイングレフト。「低く、まーるく、小さく」振りましょう。

傾斜地でももちろん、ノーリストターン。絶対に、手を返してはいけません。右手が下の状態をつねに保ったまま左に振っていき、フォローではクラブヘッドのソールが天を向いて、フェースがターゲットと反対方向を向くようにひじをたたみます。傾斜地では極力、フェースローテーションを抑えたスイングをすることが大事です。

このとき注意したいのは、体重移動をなるべくおこなわないことです。左足上がりのミスでいちばん多いのは、左への体重移動のしすぎです。

左へ体重を移そうとすると、背骨が立ち、クラブヘッドが急な入射角で入ってくるため、地面に突き刺さりやすくなります。すると、腕が詰まって左へ回転しにくくなるので、トップやダフリ、フックの原因になります。右足荷重のままスイングしても、フィニッシュでしっかり背中が入れ替わると、自然と左足かかとに体重が乗ってきます。背骨を地面と垂直にして構え、その体勢のまま振る――この基本原則を忘れないようにしてください。

「左足下がり」の場合——身体の回転を優先して、手元を小さく回転させる

続いて、「左足下がり」の傾斜です。

左足下がりは、アマチュアゴルファーのみなさんがいちばん苦労している傾斜ではないでしょうか。ダフリやトップはもちろん、シャンクが出てしまうケースも少なくありません。でも、心配ご無用です。G1メソッドの打ち方をマスターすれば、左足下がりに対する苦手意識は雲散霧消するでしょう。

アドレスは、左足上がりの斜面と同じく、背骨が地面と垂直になるように斜面に合わせて構えます（図3－2）。必然的に、体重は左足にかかります。傾斜に逆らって右足体重で背骨を立て、ボールを右から覗《のぞ》き込むように構えてしまうと、ダフリの原因になります。

ボールは、両足の真ん中からボール1個分ほど左に置きます。両足の真ん中くらいまでであればかまいませんが、それよりも右足寄りにはボールを置かないようにしてください。

左足下がりの状況では、トップを恐れるせいか、ボールを右足寄りに置いて、上から鋭角的に打ち込むような打ち方をする人が多くいます。しかし、この打ち方ではボールは絶対に上がってくれません。また、腕が詰まってクラブヘッドが地面に刺さり、ダフりやすくもなるので気をつけましょう。

1 背骨が斜面に対して垂直になるように、左足体重で構える

2 ボールは、両足の真ん中よりもボール１つ分、左に置く

3 スタンスは肩幅よりもやや広めにとり、下半身を安定させる。両手が両太ももの上に乗るぐらい、股関節の角度をつくる。この角度をキープしたままスイングする

4 左ひざが伸びないよう注意しながら左胸を後ろに回し、クラブを左に振っていく。つねにスイングレフト！

スタンスは肩幅よりもやや広めにとり、下半身を安定させます。ポイントは、ひざを前に出さずに、へそを少し後ろに引いて股関節を曲げることです。イスに腰かけるようにどっしりと構えてください。

このように構えると、両手が両太ももの上に乗るぐらい、股関節の角度ができます。左足下がりでは、この角度を崩さないことが大切です。

胸の面でボールをしっかりカバーリング。Y字インパクトまではこの股関節の角度をキープし、左ひざが伸びないように注意します。股関節の角度をキープしたまま左胸を後ろに回し、クラブを左に振っていきます。感覚的には、左足体重で、ふだんよりも左斜め下に振っていくようなイメージです。

このとき、左ひざが伸びて右ひざが前に出ると、クラブを左に振っていくことができません。左足下がりでは「ボールを上げたい」という気持ちから、体が起き上がってしまいがちです。また、スライスを想定して、アウトサイドインの軌道でカット打ちをしている人もよく見かけます。

しかし、この二つの動きはいずれも、左ひざが伸びて右ひざが前に出るため、シャンクを誘発します。打ち終わりを低く、スイングレフトしていくことが大事です。

試しに左手で手刀をつくり、フォローで左の太ももの前面を擦るように左手を振ってみてください。左ひざを正面に向けたまま股関節の角度をキープし、左に振っていくことができれば、左手の手刀で左太ももの前面を擦ることができます。

しかし、左ひざが伸びて右ひざが前に出てしまうと、左太ももを擦ることはできません。上体が突っ込んで目標方向にクラブを出すことになるので、手前をダフりやすくなってしまいます。

左足下がりのライは、フェースを早い段階でボールに向けたくなり、ボールの手前にクラブヘッドを突き刺してしまう人が多いのが特徴です。トゥを背中側に残したまま、身体の回転を優先して手元を小さく回転させながら、シャフトが体から離れないように、「低く、まーるく」左に振っていきます。クラブヘッドの裏面が、左足外側のすぐ近くを通過するイメージです。

フィニッシュではシャフトが立ちます。フェース面がターゲットと反対方向を向くようにひじを曲げ、しっかり左股関節の上に乗って、左足の外側を覗き込めるところまで上体を回してください。

このとき右足が一歩前に出そうなぐらいの勢いが大事です。ボールを上げようとして、フィニッシュで右足体重になると、左足の外側を見ることができません。右足体重はダフリの原因になりますから、必ずフィニッシュでは左足の外側を見るようにしましょう。

絶対にやってはいけないのは、ダウンスイングで左手首を伸ばし、クラブをキャスティングする動きです。ボールの後ろの地面を叩き、ダフってしまいます。

左腕とクラブがつくる角度をキープしたまま、ハンドファーストの状態でヒール側からクラブヘッドを落下させてください。タイミングよく左胸を後ろに引くと、クラブはきれいに左に振り抜かれ、ボールは真っすぐ飛んでいきます。

左足下がりの斜面から、しっかりと球が上がって距離も出せる人は回転力があり、インサイドアタックができています。ハンドファーストでインパクトし、「まーるい」軌道で左にクラブを振ることができている証拠です。

左足下がりを克服すれば、アイアンの名手といっても過言ではありません。ぜひ習得してください。

3-3 世界標準の傾斜地ショット②——「つま先上がり」と「つま先下がり」

「つま先上がり」の場合——ヒールで「ボールだけかっさらう」

「左足上がり」「左足下がり」に続いて、本節では「つま先上がり」「つま先下がり」の打ち方を解説します。まずは「つま先上がり」から。

アドレスは、つま先寄りに体重をかけ、ややハンドダウン気味に構えます。つま先上がりの場合は、傾斜に逆らって、つま先寄りの荷重にしないとクラブヘッドがボールに届きません。

斜面に対して垂直に立つと、かかと体重になり、バックスイングでますます目線がボールから離れてしまいます。すると、意識的に右手でボールを叩きにいってミスを誘発します。重力に逆らわず、地球に対して真っすぐに立つようにしてください（図3-3）。

ボールは両足の真ん中に置き、目標に対してスクエアに構えます。つま先上がりのライでは、あらかじめボールがフックすることを予想して、目標よりもかなり右を向いて構える人が多いのですが、その必要はありません。飛球線と平行にスタンスをとってください。

バックスイングは、両ひじと両腰を一緒に動かし、クラブを横に引いていきます。胸の高さにあるボールを打つようなイメージで、フェースを上に向けながらクラブを水平に引いていきま

つま先上がり

3-3

1 つま先寄りに体重をかけ、ややハンドダウン気味に構える

2 両ひじと両腰を一緒に動かし、フェースを上に向けながらクラブを水平に引いていく

リストターンと、右ひじを伸ばしてボールを突く動きは厳禁!

3 胸のラインとシャフトが平行な状態を保ち、左に振っていく

4 右ひじを曲げたまま、グリップエンドを左腰に引きつけ、小さく回る。フェースを上に向けたまま左脇腹を後方に引き、左に振り抜く

す。このとき、手だけでクラブを引こうとすると、右ひじが身体の幅から外れてしまいます。必ず両ひじと両腰を同調させて、一緒に動かすようにしましょう。この動きは、第4章で紹介する「横ヒンジ」のアプローチと共通です（192ページ参照）。

ダウンスイングからフォローにかけては、胸のラインとシャフトが平行な状態を保ったまま、ハの字に背中を入れ替えるように左に振っていきます。右ひじを曲げたまま、グリップエンドを左腰に引きつけ、小さく回ることがポイントです。フェースを上に向けたまま、左脇腹を後ろに引いて背中をクルリと回し、左に振り抜きます。

つま先上がりの傾斜地では特に、手を返す動きと、右ひじを伸ばしてボールを突く動きは厳禁です。フェースが返ってボールが引っかかり、左方向に飛んでしまいます。ハンドダウン気味に、クラブのトゥ側を浮かせて構え、ヒール側で「ボールだけかっさらう」イメージでスイングすれば、クラブヘッドが突っかからずに、きれいに抜けていきます。

ロフトのあるウェッジを使うとやはりボールを引っかけやすいので、100ヤード以内の距離を打つときも、7番、あるいは8番アイアンを使って、コンパクトに振ることをお勧めします。

「つま先下がり」の場合——傾斜に逆らって「かかと体重」で立つ

続いて、つま先下がりの場合を見ていきましょう。

傾斜に逆らわずにつま先体重で立ち、ソールを地面にペタッと着けてハンドアップ気味に構えるのが一般的です。そのアドレスから、目標の左を向いて立ち、カット気味のスイング軌道でスライスボールを打っている人が多いと思います。

しかし、この打ち方だと、平坦なライに比べてかなり距離が落ちます。そのため、平坦なライで同じ距離を打つときよりもクラブの番手を上げることになり、ミスを誘発します。体が止まって左へ引っかけたり、カットしすぎて大スライスしたりといったミスが起こりがちです。

G1メソッドでは、つま先下がりの傾斜でも真っすぐ飛ばして、距離の落ちない打ち方を指導しています（図3－4）。

ポイントは、セットアップにあります。G1メソッドの場合、つま先下がりでは、傾斜に逆らって立ちます。ややかかと体重で、ヘッドのトゥ側を少し持ち上げ、ハンドダウン気味に構えます。

この構えができたら、ボールを両足の真ん中からボール1個分左に置き、あとはいつもと同じようにスイングするだけです。腰から腰のスイングに集中し、しっかりインサイドアタックができれば、ボールは真っすぐ飛んで距離も落ちません。

ただし、フォローで体が起きてしまうと、ボールは右に飛んでいきます。胸でボールをカバーリングしたら、そのまま体を起こさずに左に低く振っていきます。左足下がりの傾斜地と同様、

3-4 つま先下がり

「かかと体重」で構え、重心を下げて安定させる。ややハンドダウン気味に、ヒール側を地面に着けてトゥ側を浮かせる

トゥがヒールを追い越さないようにしながら、身体の回転で振る

ボールを横から見るように構えると、ボールの手前を叩いてしまう

左手の手刀で左脚太ももを擦っていく感覚で打つことが大切です。つま先上がりの傾斜地と同様、ハンドダウンで「ヒールでボールをかっさらう」イメージを持って振っていきましょう。

すでにお気づきかもしれませんが、G1メソッドでは、傾斜地からのショットでも、構え方を変えるだけで、スイング自体は基本的に同じです。斜面に応じた構え方をしたら、あとはノーマルなスイングをすればOKです。スライスもフックもさせずに、真っすぐに目標を狙っていけます。

複数の傾斜要素が複合的に組み合わさった状況でも、基本的な考え方は同じです。たとえば、「つま先下がり&左足下がり」では、「かかと体重&左足体重」で構えます。

傾斜に逆らわずに構えるとつま先体重になり、ハンドアップな状態になります。すると、クラブヘッドのヒール側が浮いて、フェースが右を向き、ボールは右に飛びやすくなります。それを避けるために、つま先下がりの傾斜に逆らって、かかと体重で構えるのです。重心を下げて安定させ、ややハンドダウン気味にして、ヒール側を地面に着けてトゥ側を浮かせてください。「左足下がり」の要素に対しては、斜面に対して背骨を垂直に構えることで対応します。

「つま先下がり&左足下がり」は、傾斜のなかでも最も難しいライとされ、「ミスショットの宝庫」とよばれています。しかし、そんなライからでも、適切な準備をしてG1メソッドのノーマルなスイングをするだけで、真っすぐに目標を狙うことができます。

世界標準のスイングを基本に据えるだけで、どんな斜面に対しても苦手意識がなくなるはずです。ぜひみなさんも、G1メソッド流の傾斜地への対応法をマスターし、実戦で活用してください。

3-4 世界標準のスイングであらゆるライに対応する

「フェアウェイバンカー」の場合――唯一、左軸で打つショット

傾斜の次はフェアウェイバンカーの対処法です。

フェアウェイバンカーからのショットで大事なことは、左足一軸で打つことです。左軸とは、左脚内ももに縦軸を引いたラインのことです。右軸を大原則としているG1メソッドのなかで、このフェアウェイバンカーのショットだけが唯一、左足一軸で打ちます（図3-5）。

フェアウェイバンカーからのショットでは、バックスイングで右足に体重移動をしてはいけません。ダウンスイングで右から左に体重を戻す動きが、いろいろなミスを誘発するからです。体重移動過剰で、右から左に軸を移動する2軸スイングになると、ミスを多発します。

また、右足に体重が残ったまま、手打ちでトップボールを打つ人も多いので、右足への体重移動は絶対に避けるようにしましょう。

左足一軸で打つためには、構えが大切です。スタンスは左足を少しだけ深めに砂に埋め、下半身を安定させます。ボールの位置は両足の真ん中、ないしは、やや左寄りです。ただし、あまり左に置きすぎないようにしてください。

3-5 フェアウェイバンカーのショット

このショットだけが唯一、「左足一軸=左脚内ももに引いた縦軸」で打つ

バックスイングで右足に体重移動するのはNG。右脚は〝つっかえ棒〟のイメージで、構えたポジションより右には、絶対に動かない

左脚太ももの付け根の上で上体が回り、両脚の太ももが密着して、右ひざが曲がっているのがよいフィニッシュ

インパクト後の、目標方向にクラブを突き出すような動きはNG

右腰は右足土踏まずの垂線より、ややターゲット方向に押し込んで構えます。右脚は〝つっかえ棒〟のイメージです。構えたときのポジションよりも、絶対に右には動きません。右脚はひざを少し伸ばしている感覚でも結構です。フィニッシュで左脚太ももの付け根の上で上体が回り、しっかりとしぼりができて、両脚の太ももが密着し、右ひざが曲がっていれば問題ありません。

フェアウェイバンカーからのショットを成功させる最大のポイント

準備ができたら、ハンマー投げのイメージで遠心力を感じて、スイングレフト。背中越しに「まーるく」クラブを振っていきます。

大事なのは回転力です。回転力が落ちると、クラブが早く落下してしまいます。合わせ打ちも厳禁で、フェアウェイバンカーからのミスショットはほとんどこれが原因です。

左脚太ももの内側で上体をねじり、クラブを背中側に入れ替えて、フォロー側で風を切るようなスピードが出るように、しっかりとしぼりができることが重要です。フェアウェイバンカーからのショットの成否は、この一点にかかっているといっても過言ではありません。

しっかりとしぼりができて、左脚太もも付け根の上で体をリコイルできると、ボールをクリーンに打つことができます。打ち込まず、「ボールだけをかっさらう」イメージが大切です。

打ち終わった後に、目標方向に体が突っ込んでいる人をよく見かけますが、この動きもミスを誘発します。フェアウェイバンカーからのショットでは、バックスイング時の右へのスウェーと、インパクト後の目標方向にクラブを突き出すような動きは大敵です。

フェアウェイバンカーでは、しぼりを意識して、クラブを「短く」「近く」、そして「軽く」感じて振ることが大切です。左脚太ももの付け根の上で、しっかりと上体を回してしぼりをおこない、インバランスフィニッシュをとることを心がけましょう。

ラフで威力を発揮するスイング

ヘッドに絡みつき、スイングを邪魔するやっかいなラフ。ラフからのショットが苦手なアマチュアゴルファーは少なくありません。

プロや上級者がラフからアイアンでボールを打つと、思ったよりも距離が出てしまうことがあります。インパクトの瞬間に、ボールとフェースのあいだにラフがはさまり、スピン量が減ることによってボールが飛びすぎる現象で、「フライヤー」とよばれています。

ただし、フライヤーはヘッドスピードが速い人でないとあまり起こりません。ヘッドスピードのそれほど速くないアマチュアゴルファーの場合には、ラフに入ると飛距離が落ちる人がほとんどです。クラブヘッドに芝が絡まって急減速、飛距離がガクンと落ちてしまいます。ボールが深いラフに入って、フェアウェイに出すこともできない。そんな経験がある人もいらっしゃるのではないでしょうか。

でも、心配は要りません。G1メソッドならば、深いラフに入ったボールも確実に打てます。じつは、G1メソッドのスイングはラフが得意中の得意。ラフで威力を発揮するスイングでもあるのです。

「鎌で草を刈る」イメージで振る

G1メソッドに基づくラフからのショットを一言で表せば、「鎌で草を刈る」イメージです。上から鋭角に打ち込むのではなく、クラブヘッドのリーディングエッジを鎌の刃に見立てて、ボールの手前から草を刈っていきます。ラフが深いときは、右足つま先の前から左足つま先の前まで、ボールの前後にある草をすべて刈っていくようなイメージで打ちます（図3－6）。

シャフトの先端に大きな鎌の刃がついていると想像してください。その鎌の刃を扇風機の羽根のように回転させ、草を刈り取っていくイメージで打てば、どんなに深いラフからでも脱出できます。

一方、身体の正面でリストターンをする打ち方は、草に逆らってヘッドを返すことになるので、草がフェースに絡まり、ヘッドをうまく振り抜くことができません。また、ロフトが立ったクラブほど草の抵抗が大きくなり、ヘッドを返すことができなくなります。そのため、実際に打

3-6

こんなラフも怖くない！

1

クラブを短く持ち、リーディングエッジを鎌の刃に見立て、右足つま先の前から左足つま先の前まで、ボールの前後にある草をすべて刈るイメージ

2

シャローな入射角で打てば、ボールが隠れるような深いラフでも、7番アイアンで脱出できる

×

リストターンすると、草がフェースに絡まり、ヘッドをうまく振り抜けない

ちたい距離よりもクラブの番手を落とさなくてはいけない状況がしばしば起こります。

さらに、ラフが深ければ深いほどヘッドが受ける抵抗が大きくなるため、深いラフになるとピッチングウェッジやサンドウェッジしか使えなくなってしまいます。

手を返さないノーリストターンのスイングならば、ヘッドが受ける抵抗が少ないので、手を返すスイングに比べて2〜3番手、ロフトの立ったクラブを使うこともできます。たとえば、横から見るとボールが隠れてしまうようなラフの場合、普通ならピッチングウェッジか9番アイアンでしか打てないでしょう。それ以上、大きな番手を使ったら、クラブを振り抜けないと思います。

しかし、G1メソッドのスイングであれば、7番アイアンでも十分に打てます。この場合は、通常のショットよりも少しだけフェースを開いて構えます。あとは、扇風機の羽根のように身体を回転させることを意識し、右足つま先の前から草ごと刈ってボールを打つだけです。フェースを上に向けたクラブヘッドがシャローな入射角でラフに入っていき、リーディングエッジで草を刈りながらインパクトに向かうので、7番アイアンでも十分に振り抜けます。

このスイングで打つと、フェースの上にボールが乗り、ボールが曲がることはありません。目標に向かって真っすぐ飛んでいくので、ボールを運ぶような感覚で打つことができます。

はっきり申し上げて、浅いラフならば、ラフを特に意識する必要すらありません。裏面ダウンから腕を返さずに「まーるく」振るＧ１メソッドの基本スイングをするだけで、脱出可能です。ヘッドの入射角がシャローでインパクトゾーンが長いので、草を薄く、長く刈ることができ、ラフの抵抗を受けることはほとんどありません。

ボールがすっぽりとラフにはまり、草のあいだに沈んでいるような状況になると、さすがに７番は使えませんが、９番アイアンなら問題なく打つことができます。フェースは、通常どおりでも、やや開いてもかまいません。リーディングエッジを鎌の刃に見立てて、体の芯でクラブを引っ張り、身体をクルリと回転させて打ちましょう。

深いラフに入った場合は、インパクトでヘッドスピードが最大になるイメージで振ってはいけません。裏面ダウンから徐々にヘッドが加速していき、芝を刈り切ってインパクト後にヘッドスピードが最大になるよう、いつもより強く意識してスイングしてください。

この打ち方をマスターすれば、深いラフに捕まっても諦める必要はありません。ピッチングウエッジやサンドウエッジしか使えないのでは、もったいない！　裏面ダウンから身体をクルッと回転させる「体幹メリーゴーラウンド」のＧ１スイングなら、ラフからでも回転のパワーでボールを飛ばすことができます。ぜひ自信を持って、チャレンジしてください。

林からの脱出に7番を使っていませんか？

ティショットを曲げて、林の中に打ち込んでしまった。フェアウェイに脱出するためには、木の枝に当たらないように低い球を打たなくてはいけない——。こんな状況のとき、あなたはどのクラブを手にしますか？

アマチュアゴルファーでよく見かけるのは、7番アイアンを使う人です。ボールを右足寄りに置いてロフトを立たせて構え、上からフェースを被せて低い球を打とうとします。

しかし、こういう状況で7番アイアンを使うのは正しい選択ではありません。林の中で7番アイアンを使うと、思っている以上にボールが高く上がってしまい、木の枝にボールが当たる確率が高くなるからです。

ボールが高く上がる理由は、林の中でのボールのライにあります。林の中にボールが入った場合、松葉や枯れ葉の上にボールが乗っていたり、苔《こけ》の上にボールが止まっていたりするケースがよくあります。このように、ふわふわしたところに乗っているボールをガツンと打ち込んでしまうと、ヘッドがボールの下に入って、ボールが上がりやすいのです。苔の上にボールがあるときなどは、スッとヘッドが入って、苔ごと飛んでいってしまいます。

こういったケースで、私がお勧めするのはユーティリティを使うことです。生徒さんには、

「林から脱出するときに使用するクラブは、ユーティリティに限定してください」と指導しています。ユーティリティは弾きがよくてソールが滑りやすく、ボールが低く出るので枝に当たる心配がありません。かんたんに林から脱出できますし、場合によっては、グリーンを狙うことも可能です。

「低く、真っすぐ」引いて、「真っすぐ」出す

林から脱出するときのユーティリティの使い方を説明しましょう（図３－７）。

低い球を打つためには、ボールの近くに立つことが大切です。右手は、「グリップ」ではなくシャフトを直接握るくらいクラブを短く持ち、「グリップ」を左腰に当てて、なるべくボールの近くに立ってオープンスタンスに構えます。

ボールは左足小指の前に置き、ボールと左足小指の距離は20㎝くらいをメドにできるだけ近づけます。ボールを右足寄りに置いてしまうと、ハンドファーストになってボールを打ち込んでしまうので注意してください。

ボールを打ち込まずに、横から払うようにスイングします。「低く、真っすぐ」引いて、「真っすぐ」出すイメージです。ユーティリティのソールで松葉や苔の上を擦る感覚で振ると、ボールは高く上がらず、低い弾道で飛んでいきます。

クラブは必ず、ユーティリティを使用。右手はシャフトを握るくらい短く持ち、「グリップ」を左腰に当ててオープンに構える。ボールは左足小指の前20cmをメドに置く

「低く、真っすぐ」引いて、「真っすぐ」出す＝横から払うようにスイングすると、低い弾道で飛んでいく。ボールを打ち込むのはNG

ユーティリティを使って払うように打つスイープショットは、枝に当てることなく林から脱出したいときなどに、非常に威力を発揮します。ぜひマスターし、実戦で活用してください。

3-5 世界標準の「球筋の打ち分け」

基本はドローボール

この章の締めくくりとして、世界標準のスイングに基づく、ドローとフェードの打ち分け方を紹介しましょう。

G1メソッドのスイングは、基本的にドローボールを打つスイングです。目標に対してスクエアに立ち、ふつうにスイングすると、ボールは軽いドローの軌道を描きながら、目標に向かって飛んでいきます。

その理由は、4時半のポジションからの深いインサイドアタックを可能にする肩と腰との大きな捻転差にあります。肩と腰の捻転差をキープしたまま回転し、しっかりと胸の面でボールをカバーリングすると、裏面ダウンで真上を向いていたフェースがフェースアップしていきます。この、ボールを包み込む動きが入ることでボールがつかまるのです。したがって、ふつうに打てば、自然とドローボールになります。

ただし、フェアウェイの左サイドに池やOBがある場合など、状況によっては、フェードボールやインテンショナルスライスを打たなくてはいけないケースもあります。そこで、かんたんな

ドローとフェードの打ち分け方を伝授したいと思います。

意図的にドローを打つ場合――ドローは背中で打つ

ドローやフェードを打つ際に、必ずやっていただきたいことがあります。「ビジュアライゼーション（視覚化・可視化）」です。球を曲げるときは、「打ちたい球筋」を頭の中でしっかりイメージしてからアドレスすることが、非常に重要なのです。ボールの曲がる方向と曲がり幅は、基本的にアドレスによってコントロールしているからです。

ドローとフェードの打ち分けは、「アドレスを変える」ことと「フォローでのクラブの抜き方」によっておこないます。

ノーマルのショットでは、ボールを左胸の前、グリップを左脚内ももの前に構えます。これが、ターゲットに対してスクエアな状態です（図3－8上）。

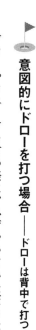

意図的にドローを打つ場合は、肩のラインをターゲットよりも右に向け、足のラインもそれに平行にそろえます。このとき、両足のかかとを結んだラインが、必ず肩のラインと平行になるようにしてください。

よく両足のつま先を結んだラインと肩のラインを平行にしようとする人がいますが、左足のつま先をやや開いて構えている人の場合、両足のつま先を結んだラインは、最初から肩のラインと

3-8

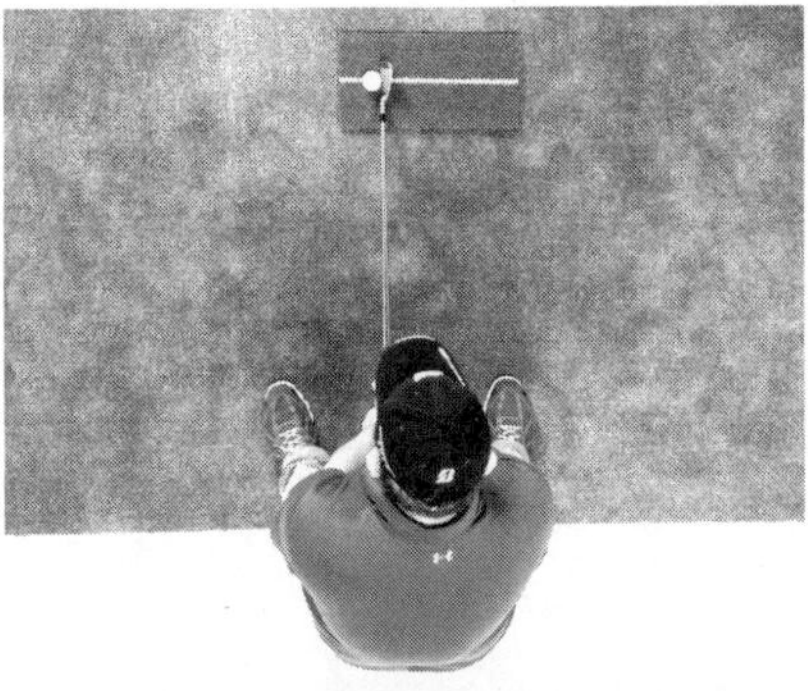

ノーマルショット

ボールを左胸の前に置き、グリップを左脚内ももの前で構える＝ターゲットに対してスクエアな状態

肩のラインを右に向けるときは、ボールを中心として時計回りに回り込む

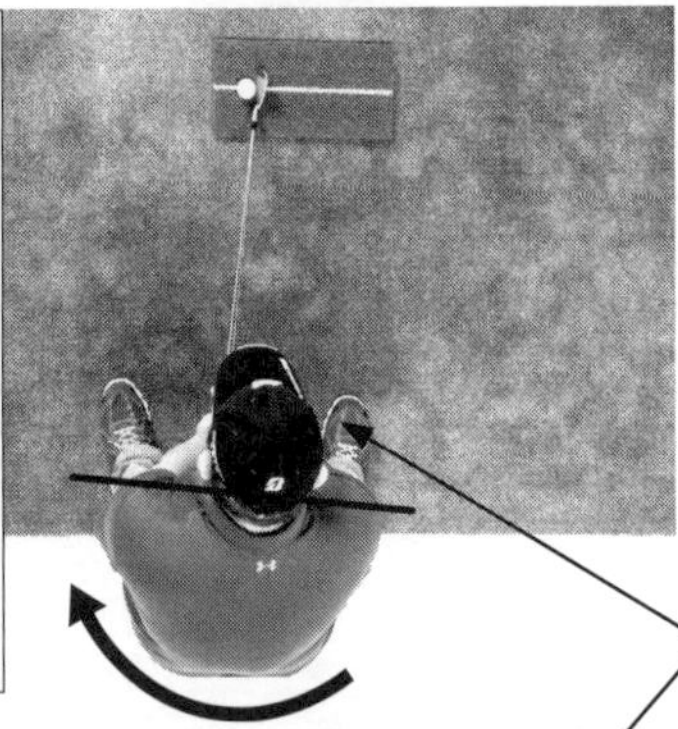

ドローを打つ場合

頭上時計で時計回りに回り込み、両足のかかとを結んだラインが肩のラインと平行になるように構える。フェースは肩のラインと直角。

グリップの位置を変えないことがポイント

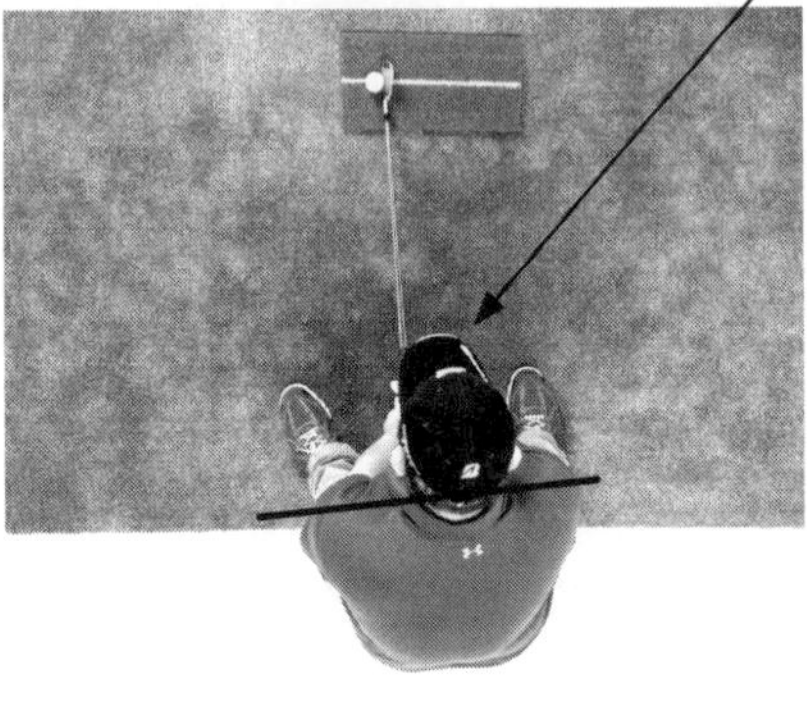

フェードの場合

ボールを中心に反時計回りに回り込み、肩のラインをターゲットよりも左に向ける。両足のかかとを結んだラインは肩のラインと平行に

平行にはなっていません。そのため、肩のラインを右に向けたときに、両足のつま先を結んだラインをそれと平行に合わせようとすると、アドレスの姿勢が変わってしまいます。

肩のラインを右に向けるときは、ボールを中心として時計回りに回り込みます。頭上時計の6時の位置から7時の方向へ、時計回りに長針で2～3分スタンスを動かしてください（図3－8中）。

すると、肩のラインも頭上時計で見て、長針で2～3分だけ右方向を向きます。1分が360度÷60分＝6度ですから、角度にして12～18度ほど、ターゲットの右を向くことになります。

このとき、グリップの位置を動かさないことがポイントです。グリップはつねに、左太ももの前にあります。グリップのポジションを変えずに、スタンスを時計回りに移動し、肩のラインを右に向けると、クラブヘッドのフェース面も少しだけ右を向き、ややハンドファーストが強くなります。

やってはいけないのは、手先でフェースの向きを調整することです。自分から見て、フェースは必ず肩のラインと直角になります。フェースをターゲットに向けたまま、肩やスタンスの向きを変えてドローやフェードを打とうとしている人を見かけますが、手先でフェースの向きを変えると、スイング自体が変わってしまいます。手先でフェースの向きを変えることは絶対に避けましょう。

ドロー、フェードに限らず、球を曲げるときの条件で大切なのは、トップからフィニッシュまで、右ひじの90度の角度をキープして、小さくクルンと回ることです。両手が体から離れると、ボールをコントロールできません。

ドローとフェードの違いは、「フォローでのクラブの抜き方」です。クラブが背中側に入れ替わるとき、手元が低いポジションにあり、シャフトが立つと、つかまったドローが打てます。

また、ドローを打つときは、トップに振り上げた瞬間に背中越しターンをより意識します。そのため、スイング中にターゲットは見ません。ターゲットを見ようとすると、体が早く開いてしまうからです。私は、「ドローは背中で打て」と生徒さんたちに教えています。みなさんも、背中越しターンを意識してスイングするようにしてください。

意図的にフェードを打つ場合――フォローでハンドルを右に切る

フェードの場合は、フォローでドローほど垂直にシャフトが立ちません。ハの字に振ったクラブが背中側に入れ替わってフィニッシュに向かうとき、自動車のハンドルを右に切るイメージで両手を使います。シャフトが30度ぐらい右に傾いたまま頭上を越えていくイメージです。

アドレスのスタンスの向きはドローを打つときと逆です。頭上時計で6時の位置から5時の方向へ反時計回りに長針で2～3分回り込み、肩のラインも目標より2～3分、角度にして12～18

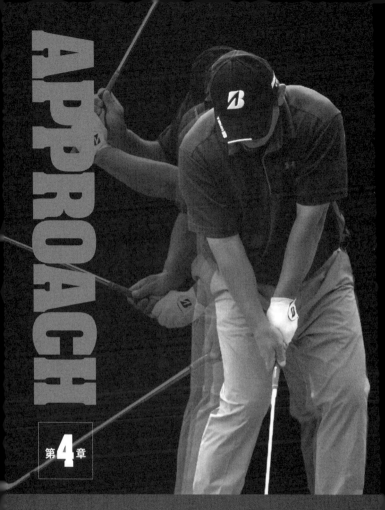

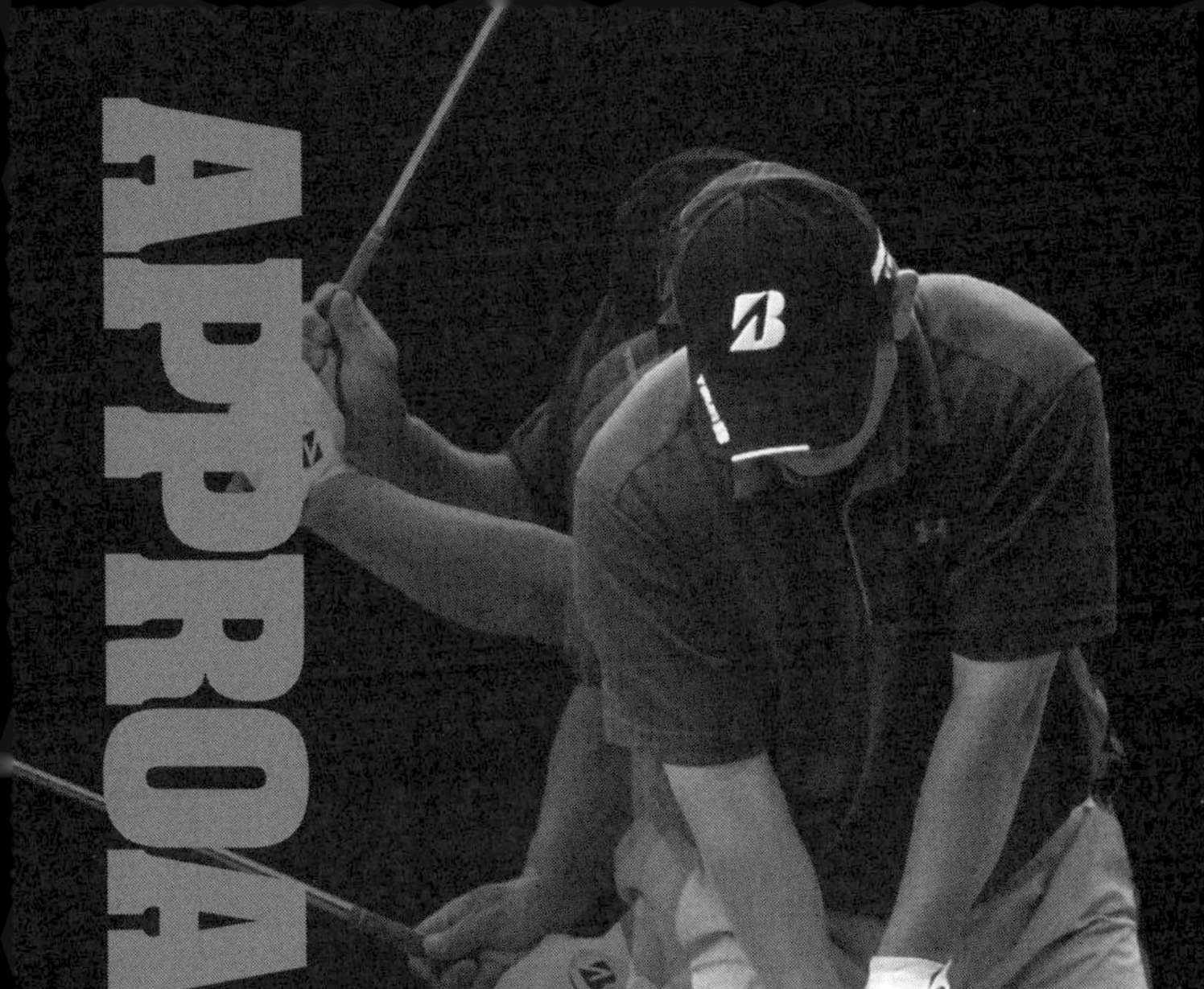

APPROACH

第4章

世界標準の
アプローチ

――おどろくほどピンに「ピタリと寄る」技法

4-1 良いスコアは、良いアプローチがつくる

ミスする人は「構え」でわかる

スコアメイクのカギは、アプローチです。

せっかくいいショットをしても、グリーン周りでミスをしてしまうと、あっという間にボギー、ダブルボギーを叩いてしまいます。逆に、パーオンに失敗しても、グリーン周りからピンにピタリと寄せて1パットで上がることができれば、パーを拾うことができます。

実際、ローハンデのゴルファーのプレーを見ると、アプローチの上手い人がほとんどです。それほど飛距離の出ないシニアの方でも、アプローチの技術で飛距離をカバーし、スコアをまとめている人が少なくありません。一方、なかなかスコアがまとまらない人は、その正反対。アプローチでダフリやトップのミスを繰り返し、スコアを崩してしまう人がほとんどです。

その成否はどこで決まるのか？――アプローチの苦手な人は、構えたときから「ミスをしそうだな」という予感がします。じつは、アプローチにも日本特有の間違い、勘違いがあるのです。

たとえば、日本ではよくアプローチの際にボールを右足寄りに置き、ハンドファーストに構えるゴルファーを見かけます。おそらく、上からヘッドを入れて、ダフらずにボールに直接、コン

タクトしたいという意識が強いからでしょう。しかし、これではインパクトでリーディングエッジが地面に突き刺さってしまい、スムーズにヘッドを振り抜くことができません。ダフリを恐れて、かえってダフリのミスを誘発してしまうのです。

カップに寄る確率は「スピン量」が決める

G1メソッドのアプローチは、ショットと同様、基本的にダウンブローにボールを打つことはしません。フェースを少しだけ開いて、ヘッドの入射角が浅い「シャローな」スイング軌道で「ボールを運ぶ」ように打ちます。そのためボールが比較的、高く上がるのが世界標準のアプローチの特徴です。みなさんがふだん打っているピッチ&ランよりも、やや弾道が高く、やわらかい球を打つことができます。

ボールを右足寄りに置き、上からドンと打ち込んでしまうと、ボールの弾道は低く、初速は速くなります。また、ヘッドの入り方によってスピンにムラが出て、スピン量が一定しません。

一方、G1メソッドのピッチ&ランはスピン量が一定なので、キャリーとランの計算がしやすくなります。たとえば、平坦な場所の場合、基本的にキャリー2に対してランは1と考えます。その結果、距離のバラツキが少なくなり、カップに寄る確率も高くなるというわけです。

本章では、「ピタリと寄る」世界標準のアプローチの打ち方を伝授します。

4-2 アプローチの基本──成否の分かれ目

右足寄りにボールを置くのはなぜNGなのか

まずは最も基本となる30ヤード以内のアプローチ、ピッチ&ランから解説していきましょう。

ピッチ&ランと名前のよく似たショットにピッチショットがあります。前者が、ボールを上げてキャリー2対ラン1の割合で転がすショットであるのに対し、後者はボールを高く上げ、落下後にわずかしか転がらないため、ちょっとしたバンカーや障害物を越えたいときに使います。一般に30ヤード以内をピッチ&ラン、30ヤード以上をピッチショットと呼び分けるようです。

ピッチ&ランは両足をそろえてボールの正面に立ち、こぶし一つから一つ半分、右足を横に移動します（図4-1上）。このとき、両足は平行です。両足の間隔は広くても、こぶし二つ分までにしてください。スタンスが広すぎると、右足体重になって、ダフりやすくなります。

次に、スタンスの向きです。スタンスはターゲットラインにスクエアに構えるのではなく、かかとを支点に両足のつま先をほんの少し左（ターゲット側）に向けます。角度にして約15度、頭上時計の針でいうと、両足のつま先は11時半ぐらいを指します（正面が12時）。

両足のつま先を開いて、自分から見て逆ハの字に構える人をよく見かけます。この構えでは、

4-1

ピッチ&ランのセットアップ

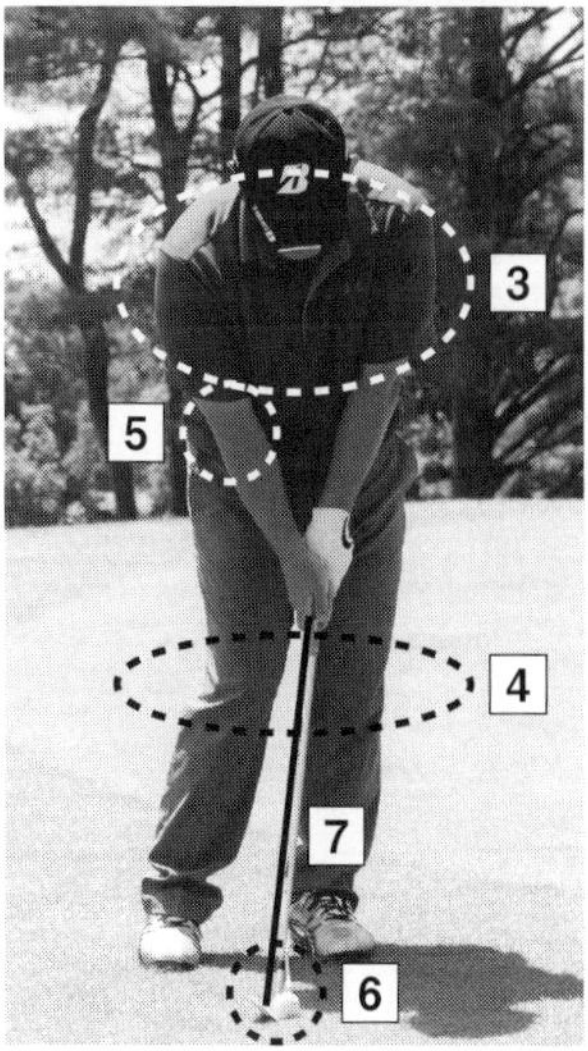

1 両足を平行にして、こぶし1つから1つ半分の間隔に開く

2 かかとを支点に、両足のつま先をほんの少し左（ターゲット側）に向ける

3 上半身を少しだけ右に回し、胸が正面を向くようにする

4 両ひざをややターゲット方向に押し込んで、「体を入れた」状態をつくる＝インパクトを想定した形

5 右前腕部を回外しながら右ひじを身体の中心線に近づけ、右脇腹の前に右ひじがくるようにする。右脇が締まり、左6対右4の配分で左足に体重がかかる

6 正面から見て、必ず右目の真下にボールがくるように構える

7 グリップは左脚太ももの前で、正面から見ると、シャフトが目標方向に傾き、ややハンドファーストになる

バックスイングで右ひざは右方向、左ひざは左方向に向かい、両脚のひざが動く方向が逆になってしまいます。その結果、シャンクのミスが起きやすくなります。必ず両足を平行にして、つま先が同じ方向を向くように構えましょう。

この状態でボールの位置を確認すると、正面から見て左足かかとの延長線上にあります。これが、ノーマルのアプローチでのボールの位置です。

先述のとおり、日本のゴルファーには、アプローチになると右足寄りにボールを置いて極端なハンドファーストで構える人が多いのですが、そのポジションから打とうとすると、ヘッドが鋭角的に降りてきてリーディングエッジが地面に刺さってしまいます。必ず左足かかとの延長線上にボールをセットします。

顔はボールよりもターゲット側に置く

次に、上半身のポジションを確認しましょう（図4－1下）。

両足のつま先が11時半の方向を向いているので、そのまま構えると胸も11時半に向きますが、上半身を少しだけ右に回し、胸が正面を向くようにします。雑巾をしぼったように少しだけ身体がねじられた感覚が生まれ、両ひざをややターゲット方向に押し込んで、「体を入れた」状態をつくっておきます。

これは、インパクトを想定した形です。両ひざがややターゲット方向に押し込まれた状態からバックスイングすると、いったん両ひざが正面を向き、インパクトに向けてまた押し込まれるという流れができ、下半身リードでスイングしやすくなります。

一方、両ひざを正面に向けてアドレスすると、バックスイングで右ひざが後ろに流れ、インパクトでは下半身が止まって手打ちになり、ダフりやすくなります。アドレスで損をしているわけです。必ず両ひざを押し込んで、インパクトの形をつくって構えるようにしてください。

セットアップのポイントは、右前腕部を回外しながら右ひじを身体の中心線に近づけ、正面から見て右脇腹の前に右ひじがくるように構えることです。そうすると、自然と右脇が締まり、左右５対５のつもりでも、左６対右４くらいの配分で左足に体重がかかります。

それにともなって顔もターゲット方向に移動し、正面（胸側）から見て右目がボールの垂線上に位置します。要するに、顔がボールよりもターゲット側にあるということです。ノーマルのアプローチでのビハインドザボールは厳禁。頭をボールより後ろに残して、ボールを右側から見てはいけません。ボールをすくって、ダフリを誘発してしまいます。

「右目の位置」を重視せよ

右目の位置は、インパクトの打点と大きく関係するのできわめて重要です。必ず、右目の真下にボールがくるように構えてください。実際に、右目の位置からスコア記入用の鉛筆などを落としてみると、ボールの垂線上に右目があることが確認できます。

グリップは左脚内ももの付け根の前で少しだけハンドファーストになるように構えます。ボールを右足寄りに置いて、極端なハンドファーストで構えるのはNG。前述のとおり、リーディングエッジがボールの手前に入って地面に突き刺さり、スムーズにヘッドを振り抜くことができません。いわゆるザックリです。

私の場合、ピッチ&ランではフェースをターゲットに対してスクエアにせず、少しだけ開いて構えます。スクエアな状態でフェースのトゥが頭上時計で12時を指すとしたら、12時半から1時を指すくらいまで開きます。すると、クラブヘッドのソールではなく、バンスが接地します。バンスのヒール側が地面に触れている感覚です。このままスイングすれば、バンスを使えてヘッドが滑り、クラブの抜けが非常によくなります。これが、フェースをやや開いて使う理由です。

もう一度確認しましょう。ボールの位置は左足かかとの延長線上。両足をこぶし一つから一つ半分開き、両足のつま先が11時半を向いた状態で胸だけ正面に向ける。右目がボールの真上にきて、体重配分は左6対右4。右ひじを体の中に入れて、ややハンドファーストになるようにグリップ――これで、ピッチ&ランのセッティングは完成です。

距離の長短で打ち方を変える――分かれ目は30ヤード

続いて、打ち方を見ていきましょう。同じノーマルのアプローチでも、30ヤード以内のピッチ&ランと、30ヤード以上の距離で使うピッチショットとでは、打ち方が少し違いますので、その点も含めて解説していきます。

バックスイングでは、右ひじが右腰、左ひじが左腰を指したまま一緒に動かします。左足荷重のまま腰を回転させ、右足に体重移動しないよう注意しましょう。そして、両ひじと両腰はワーキングトゥギャザー（同調）。必ず一緒に動くようにしてください。

アドレスで少し両ひざを押し込んでいるので、左脇腹にやや張りを感じると思いますが、この張り感を保ったままバックスイングします。手首を使ったり、手元を身体から離してしまうのはNG。胸の回転とグリップエンドの動きを同調させて、振り子のようにクラブを動かします。

アドレスの時点で右ひじを体の中に入れて構えているので、切り返しで右手首がやや背屈し、その時点でハンドファーストになっています。ピッチ&ランとピッチショットとで異なるのは、切り返しからダウンスイングにかけての動きです。

ピッチ&ランの場合は、そのときの右手首とシャフトの角度をフィニッシュまで変えずにスイングします。構えたときに「グリップ」と右手首内側のあいだに三角形のすき間ができますの

4-2

30ヤード以内の短いショット

1

構えたときの右手首と「グリップ」がつくる三角形を崩さないようにスイングすれば、ややハンドファーストでボールをとらえられる

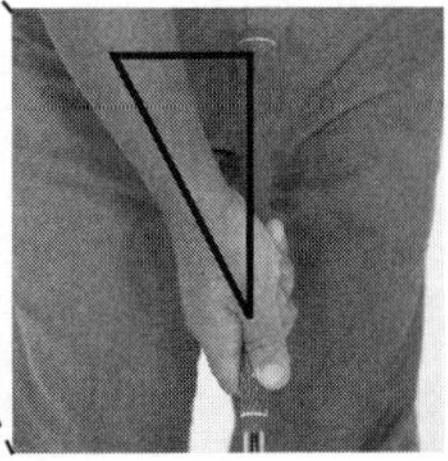

2

胸とグリップエンドの動きを同調させて、振り子のようにクラブを動かす。手首を使ったり、手元を身体から離してしまうのはNG

で、そのすき間に挟んだボールを落とさずにスイングするイメージを持ってください。スイング中に、グリップエンドが右腕から離れたり、逆に近づいたりはしません。構えたときの右手首と「グリップ」がつくる三角形を崩さないようにスイングすれば、自然とややハンドファーストでボールをとらえることができます（図4－2）。

ポイントは手でクラブを操作しないことです。クラブには、慣性で動き続けたいというエネルギーが生じます。この慣性を妨げないことが大切です。構えたときの形を変えずにグリップが先行すれば、「フェースに乗せて運ぶ」やわらかいボールが打てます。ショットが安定しない人は、慣性を使えずにインパクトでグリップが止まっているのが原因です。

30ヤードを超えるピッチショットでは裏面ダウンが入る

30ヤード以上の距離があるときに使うピッチショットは、どう打つのでしょうか。

30ヤードを超えると、体の捻転にともなって左手の親指が自然に上を向き、シャフトが立ってきます。この時点で通常のショットの要素が加わり、切り返しでは小さな裏面ダウンの動きが入ります。せんべいを焼く職人が、火加減を見ながらせんべいをひっくり返すときのような、小さな裏面ダウンです。

ダウンスイングに入る瞬間に右手首がやや背屈し、グリップエンドが右前腕部から少しだけ離

4-3

30ヤード以上の距離があるショット

30ヤード以内のショットとの違い！　グリップエンドが右前腕部から離れる

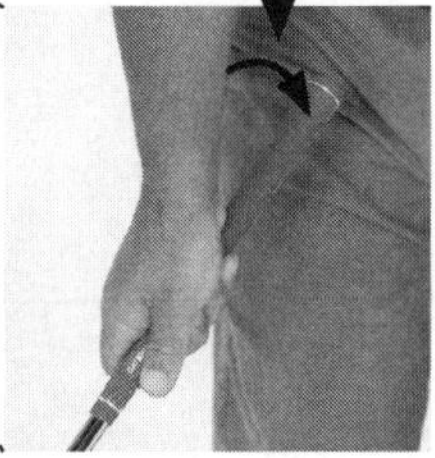

1

切り返しで小さな裏面ダウンの動きが入る

2

ダウンスイングに入る瞬間に右手首がやや背屈し、グリップエンドが右前腕部から少しだけ離れる

3

上半身と下半身の捻転差を使った下半身リードのスイングで、ヒール側からボールの下にヘッドを入れて、クラブヘッドを抜いていく

れます。ここが、30ヤード以内のアプローチと違うところです（図４－３）。

ただし、距離が変わっても、グリップを強く握りすぎずに、腕と手首をやわらかく使って身体にしなりを入れて打つことは同じです。しなりを入れることで、短い距離のアプローチでも、上半身と下半身の捻転差を使った下半身リードのスイングをすることができます。

スタンスはピッチ＆ランに比べて広くなります。腰幅ぐらいまで広げて、体重配分も五分五分にしてください。

インパクトで、上からダウンブローにボールをとらえる意識は必要ありません。ボールを叩くのではなく、ヒール側からボールの下にヘッドを滑らせて、クラブヘッドを目標の左に抜いていくイメージです。素振りの際は、必ずクラブヘッドのバンスで芝を擦るようにしてください。「ドサッ」と突き刺さるような音ではなく、「ザッ」と芝を滑る音をさせることが大切です。

フォローでは、クラブが背中側に入れ替わるときに、真上を向いたヘッドがフワッと浮き上がるのを感じてシャフトを立てると、フェースにボールを乗せて「運ぶ」打ち方ができます。ターゲット方向にクラブを振り出す動きは絶対にNG。ショット同様、「まーるく」スイングします。

キャリーとランが正確に計算できる打ち方とは？

G１メソッドのアプローチは、フォロースルーの形に特徴があります（図４－４）。

アプローチの
フォロースルーの形

4-4

1 グリップエンドが左腰を指し、クラブヘッドはほぼ真上を向いて右腰の延長線上に。ベルトのバックルはターゲットと正対する

2 飛球線後方から見ると、クラブヘッドとグリップ、両腕は身体の幅の中に収まる

腰の高さのスイングの場合、フォロースルーではグリップエンドが左腰を指し、クラブヘッドはほぼ真上を向いて右腰の延長線上にきます。ベルトのバックルはターゲットと正対。正面から見ると、左肩からクラブヘッドまでがほぼ一直線になります。

自分から見ると、右腕とシャフトが「く」の字形になっています。インパクトのときにハンドファーストでボールをとらえて、そのまま身体が回転した形です。両ひじは体から離れず、体に対して平行に保たれます。

飛球線後方から見ると、クラブヘッドとグリップ、両腕が身体の幅に隠れます。クラブヘッドとグリップは身体の幅をはみ出してはいけません。

もし、身体の左側にクラブヘッドが見えたとしたら、腕を返してしまった証拠です。ショットと同様、アプローチでも、腕を返して右手が上になる動きはＮＧ。必ず、最後まで「右手が下」のままスイングします。

手首をフリックさせてシャフトを立てる動きもやってはいけません。手元が腰から腰の高さの範囲で動くスイングであれば、クラブヘッドは必ず、正面時計の3時を指す位置に収まります。

以上が、30ヤード以内のピッチ&ランと30ヤード以上のピッチショットの打ち方です。実際に打ってみるとわかりますが、これまでやってこられたピッチ&ランやピッチショットに比べて、ボールが少し高く上がると思います。これが正解なのです。

この打ち方をマスターすると、弾道が高めで、やわらかいボールを打てるようになります。スピン量が一定なので、キャリーとランの計算がしやすいのが大きな特徴です。ピッチ&ランの場合、平坦な場所であればキャリーが3分の2、ランが3分の1で安定します。

チップショット――「低い弾道&ラン」で寄せる

次は「チップショット」です。チップショットは低い弾道でボールを打ち出し、スピンをかけながら転がしてカップに寄せるアプローチです。低く打ち出されたボールは、「トン、トン、ツー」と2バウンドしてから転がるイメージでカップに寄っていきます。グリーン周りのカラーからのショットなどで用いることが多く、特にローハンデの方が好んで使います。

チップショットを打つとき、ボールの位置をノーマルのアプローチよりも右足寄りにする人をよく見かけますが、G1メソッドではボールの位置は変えません。ボールの位置はノーマルのピッチ&ランと同じく、左足かかととの延長線上に置きます。(図4-5)

ピッチ&ランと異なるのは、ハンドファーストと体重配分の度合いです。チップショットでは、ピッチ&ランよりもハンドファーストの度合いが強くなり、グリップエンドが左腰を指すように構えます。その結果、ピッチ&ランを打つときよりも両ひざが少しだけターゲット方向に押し込まれ、左足7対右足3の体重配分になります。

4-5 チップショット

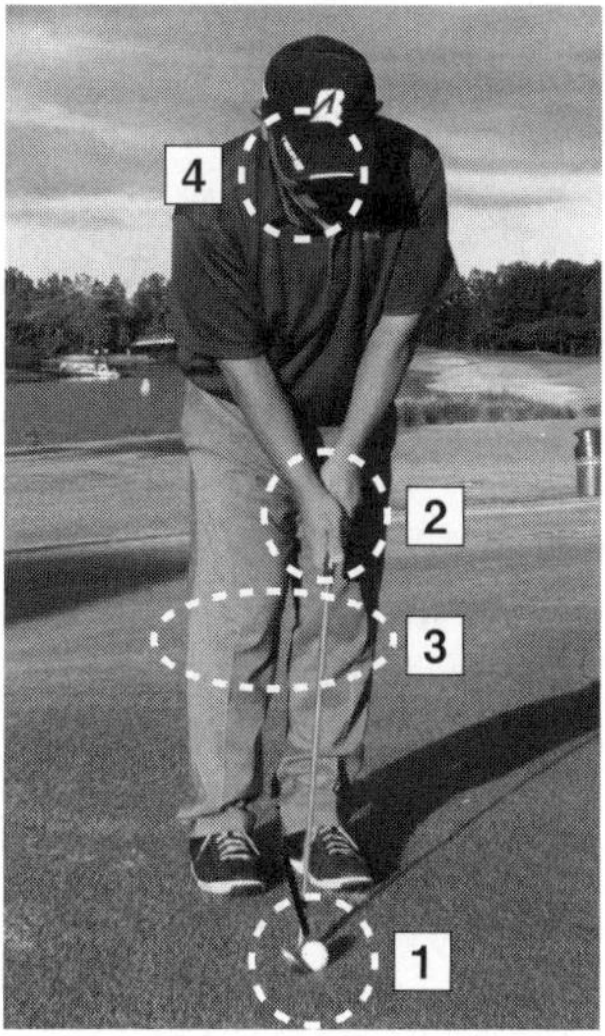

1 ボールの位置は、左足かかとの延長線上

2 ハンドファーストの度合いが強く、グリップエンドが左腰を指すように構える

3 両ひざがややターゲット方向に押し込まれ、左足7対右足3の体重配分に

4 右目は、ボールの後ろ側が見えない位置に。
ボールを後ろから見て寄せようとすると、打点が低くなって大ダフリしてしまう！

5 フェースを少し開いた構えから、ボールを包み込むように打つ。「開いて閉じる」動きがスピンを生む！

低い弾道でボールを打ち出し、スピンをかけながら転がしてカップに寄せる！

最も重要なのは、右目の位置です。ボール位置の垂線よりも1㎝前（ターゲット側）に右目がくるように構えます。ボールの後ろ側（ターゲットと反対側）が見えたら、頭の位置が後ろすぎる証拠です。ボールを後ろから見て寄せようとすると、打点が低くなり、大ダフリをしてしまいます。必ず右目でボールの1㎝前を見下ろすようにしてください。これも、右目の位置から鉛筆を落として確認します。

ストロークはピッチ&ランと少し異なります。スピンを入れるときは、グリップを支点としたやわらかいリストワークとある程度のヘッドスピードが必要です。あらかじめフェースを少し開いて構え、ボールを包み込むように打ちます。「開いて閉じる」動きがスピンを生む要素です。バックスイングの振り幅もピッチ&ランより小さくなり、テンポが速まります。ハンドファーストの度合いが強まったぶん入射角がアップライトでロフトが立っているため、そのまま打つと自然と低い弾道になります。やや鋭角な入射角でボールの赤道の下にリーディングエッジを入れて、ヒール寄りのバンスをサッと滑らせるとスピンがかかります。

フォローの出し方も若干、違います。クラブのフェースにボールが乗っている時間が長いと、イメージよりも球が高く上がってしまうので、ヘッドの重みで落下した後はフォローを低く出して、ヘッドで抑え込むようにします。ヒールで芝を擦ったら、ヘッドを惰性で流さずに止める感じで打ってください。

ボールとのコンタクトは、フェースの下部でおこないます。クラブのフェースにはスコアラインという横溝が何本も刻まれていますが、下から1〜2本めのスコアラインがボールの赤道より少し下に当たり、ボールの1㎝先の地面に向かって斜めに切るように打ちます。低くてスピンコントロールの利いたボールを打つことができます。

正しいインパクトができると、「カツッ」と乾いた、クリスピーな打球音になります。この乾いた打球音が出るように、繰り返し練習しましょう。

ロブショット――ボールと芝のすき間にフェースを「滑らせる」

ボールを高く上げてカップに寄せる「ロブショット」に話を移しましょう（図4-6）。

ロブショットを打つときも、ボール位置は変えません。ボールの位置は、つねに左足かかとの延長線上です。ピッチ&ラン、ピッチショット、チップショット、そしてロブショットと、すべてのアプローチに共通しています。

一方、構えはかなり違います。まず、スタンス幅が、ピッチ&ランに比べて広くなります。ただし、広すぎるのはNG。肩幅に収まる程度にスタンス幅を広げてください。

体重配分は、右5対左5のイーブンにします。右目はおよそボール1個分、ボール位置の右側にきます。チップショットではボールの1㎝前に右目がきてボールの前方を見るようにしました

1 右目は、ターゲットに対してボールの後ろの面を見る。ビハインドザボールで、ボールと芝のすき間にクラブフェースを入れて「滑らせてくる」感覚で振っていく

2 頭の位置をやや低くして、ハンドダウン気味に構える

3 ヘッドのヒール側が接地し、トゥ側が心持ち浮いたような感覚

4 ヘッドを背中側に残して、ゆっくり「まーるく」振っていく

5 フィニッシュでは、グリップエンドを腰の後ろまでしっかり回し、背中を正面に向けるつもりで回転する

が、ロブショットはその逆です。ターゲットに対してボールの後方に右目をセットし、ボールの後ろの面を見るようにします。

その理由は、ロブショットではビハインドザボールで、ボールと芝のすき間にクラブフェースを入れて、「滑らせてくる」感覚が大事だからです。ボールの前面を見るような構えをしては絶対にいけません。右手を手刀に見立ててボールの下に入れてくるイメージで、ビハインドザボールで振っていきます。

ピッチ&ランに比べ、重心をやや低くしてハンドダウン気味に構えます。ヘッドのヒール側が接地し、トゥ側が心持ち浮いたような感覚です。

打ちたい高さに合わせて、頭上時計で1時（30度）くらいから最大2時（60度）あたりまでフェースを開きます。シャフトは、正面から見て地面とほぼ垂直になります。

これで、ボールを上げる準備はできました。

球を高く上げたいときの打ち方のいちばんのポイントは、ゆっくりとイーブンペースで振ることです。早く打ちにいくと、グリップ支点のスイングとなり、いろいろなミスが出てしまいます。そのためには、うねりのフットワークが必要不可欠です。

ロブショットでは、うねりのフットワークと裏面ダウンを意識してハの字に振っていきます。シャフトと左手首の角度（90度）をできるだけキープし、スーパーハンドファーストのイメージで、クラブヘッドをなるべく背中側に残してください。クラブヘッドを背中側に残したまま、ゆっくりと「まーるく」振って、フィニッシュではグリップエンドが背中側に入れ替わります。ハの字に振るあいだはずっと、シャフトが体に巻きついて振っている感覚です。

決して打ち急いではいけません。裏面ダウンしたらクラブヘッドを背中側に残したまま、シャフトの内側が右太ももから離れないように小さく回り、左胸をしっかり開いて、右ひじを抜いていきます。

ボールを上げたいときは、背中の回転も重要です。フィニッシュでは、背中を構えたときの正面まで向けるつもりで回転してください。途中で止まってはいけません。グリップエンドを自分の腰の後ろまでしっかり回して、背中を正面に向けます。このとき自分の目線からは、右前腕部とシャフトが「く」の字形になります。ピッチ&ランのときと同じ形です。

ボールを上げたいからといって、手首を使ってヘッドを持ち上げてはいけません。距離と高さが必要な場合のみ、クラブが背中側に完全に入れ替わってからシャフトが立ち、フェース面が後方を指します。

ロブショットでは、フェースの裏側が地面を擦るくらいロフトを寝かせる必要があります。ボールはヒール側からフェースに乗り、トゥ側の上のほうに移動していきますが、フェースが開いていないと、ボールは右上に移動していきません。ハンドファーストの状態で振り遅れてきたクラブヘッドを、ヒール側からボールの下に入れ、ボールをフェースの上で転がして右上に乗せるイメージです。右手の手刀をボールの下に入れるような感覚で打ってみてください。どちらかというと、フェースが開いたまま回転するイメージです。それでも、そのまま右にスッポ抜けることはありません。

別の言い方をすれば、「だるま落とし」の感覚です。クラブヘッドを上から入れてフェースでボールを打つのではなく、クラブヘッドをボールの下に滑り込ませ、フェースの上にボールを乗せれば、ボールはフワッと上がってくれます。

グリーン周りのアプローチの戦略と素振りのルーティン

グリーン周りからのアプローチショットでは、キャリーとランの比率を瞬時に見抜き、正しい戦略を立てることが成功のカギです。意識していただきたいのは、①ボール、②ボールの落としどころ＝ランディングポイント、③カップの３ヵ所です。ボールとカップを結んだラインを底辺とする三角形の頂点に立って、傾斜や芝目を観察し、ボールの落としどころを決め、キャリーとランを頭の中でイメージします。

実際にボールを打つときは、ボール手前をクラブヘッドのヒールで擦るように3回、素振りをします。これは、すべてのアプローチショットに共通したルーティンです。ボールの落としどころ＝ランディングポイントとカップを結ぶ線を左肩越しに見て、落としどころから視線を外さずに3回、素振りします。このとき、絶対にソールで芝を押さえつけてはいけません。ボールの落としどころを見ながらヒールで芝先をブラッシングするように素振りを3回おこなったら、ボールに近づいてセットアップ。最後にもう一度、落としどころを確認して、目線をボールに戻したらバックスイングをスタートします。

素振りのときは、絶対にボールを見ないようにしましょう。ボールを見るのは、クラブヘッドをボールの後ろにセットしてバックスイングを開始するほんの一瞬だけです。ボールを凝視してしまうと、スムーズにテイクバックすることができません。

ランディングポイントを見ながらの素振りは、輪投げをするときのような感覚があります。輪投げは、目標を見ながら何度か輪を投げているうちに距離感が合ってきますよね。それと同じで、打った球が短かったら、もう少しバックスイングを大きくするといった具合に、身体の神経回路システムにフィードバックしながら練習していくと、ランディングポイントを見れば自然とそれに合わせて体が動くようになります。ランディングポイントを見ながら素振りをした後にボールを打つ練習を繰り返すことで、適切な距離感が身についてくるのです。

そのためには3回素振りから始まる一連の流れを、つねに一定のリズムで淀《よど》みなくおこなうルーティンを習慣づけることが大切です。繰り返し練習して、自分の距離感をつかんでください。

4-3 アプローチの基本を習得するドリル

平均台ドリルと、両ひじと両腰のワーキングトゥギャザー

ここからは、基本となるアプローチショットのポイントとそれらをマスターするためのドリルをいくつか紹介します。アプローチの基本を、しっかり体に叩き込んでください。

最初は、フットワーク、「体を入れる」動作です。

アプローチショットでも、スイングの基本となるのはフットワークです。フットワークで身体の捻転差をつくり、下半身リードでスイングする点は、通常のショットと変わりません。

そのフットワークをマスターするために最適な練習が、第2章の「世界標準のドライバー」でも紹介した「平均台ドリル」です。平均台ドリルで鍛えられるのは、フットワークだけではありません。軸回転、体幹と両腕の同調性、スイングテンポなど、ショートゲームの基本となる要素がすべて含まれています。

加えて、高い集中力が求められ、感覚が研ぎ澄まされるメリットもありますので、トータルバランスのトレーニングにはうってつけです。

平均台ドリルをおこなうときは、両ひじと両腰の動きを同調させることが大切です。つねに右ひじは右腰、左ひじは左腰を指したままスイングします。両ひじと両腰の動きを同調させ、正しいフットワークでスイングすれば、バランスが崩れることはありません。

まず、両腕の力を抜いて、両肩の真下にダラッと下げます。その状態から、右手首を左手首の上に重ね、両ひじが両腰の幅からはみ出さないように、バックスイングでは右肩と右腰、フォローサイドでは左肩と左腰を後方に引きます。

この「両ひじと両腰のワーキングトゥギャザー」する動きと、両ひざが正面を向いた状態をキープしたまま太ももを交互に内旋して股関節の切り上げ/切り下げをおこない、両足土踏まずの内側でエッジをかけて「押し合いへし合い」の状態をつくる平均台ドリルのフットワークが、アプローチのベースになります。

「イメージクロック」でアプローチのコツをつかむ

ショートゲームの強化として平均台ドリルを効果的におこなうために、「イメージクロック」を導入しましょう(図4-7)。イメージクロックとは、「正面時計」を自分の脳内でイメージしたものです。

アドレスした状態を正面(胸側)から見たときに、頭の位置が12時、左ひじの方向が3時、クラブヘッドを構えた地点が6時、右ひじの方向が9時を指す時計が「正面時計」ですが、この正

4-7

イメージクロック

6時の
ポジション

8時の
ポジション

3時の
ポジション

面時計を自分の頭の中でイメージすることで、身体やクラブのポジションを確認します。イメージクロックで「8時から3時」といったら、飛球線後方60度から飛球線前方90度までの150度の振り幅でスイングをおこなうことを意味します。

クラブの慣性を感じて振ると、フォローの振り幅はバックスイングの振り幅より大きくなります。バックスイングで8時までクラブを上げたら、フォローでは3時まで上がるのが自然です。

イメージクロックを効果的に使うために、クラブヘッドではなく、両腕がつくる三角形の頂点、両手首の付け根が重なった部分を意識するようにしてください。両腕がつくる三角形の頂点が、イメージクロックの「時計の針」だと考えるのです。左手首の上に右手首を重ねたときにできる三角形の頂点です。

クラブヘッドの動きは無視してかまいません。振り幅の小さいアプローチでも、切り返しではヘッドの重みで右手首が多少は背屈するので、クラブヘッドは自分でイメージした振り幅よりも大きく動きますが、それは自然な動きなので気にしなくて結構です。必ず、両腕のつくる三角形の頂点が指す方向をイメージしてスイングしてください。

イメージどおりのイメージクロックを実践するには、クラブが最高点に達する前にしっかりフットワークを使って「体を入れる」動作が必要です。最高点に達すると、クラブが一瞬、無重力状態になり、クラブを軽く感じる瞬間があります。この無重力状態をしっかり感じることが重要です。ブランコをこいでいて、最高点に達したときと同じ感覚です。この、クラブを軽く感じる瞬間が来る前に「体を入れる」のです。

具体的には、イメージクロックの7時までバックスイングを上げるときはクラブが動き出すと同時に、8時まで上げるときは7時を通過する時点で、9時まで上げるときは8時を通過する時点で、体が入っていなければいけません。

クラブヘッドが最高点に達する前に体を入れることができると、腕にやわらかいしなりが生まれ、ややグリップが先行してヘッドが遅れるというズレが生じながら、クラブは慣性で動き続けようとします。

この慣性の動きを邪魔しないようにするのが、アプローチのコツです。実際に打ってみるとわかりますが、8時に上げるつもりでも、9時まで上がってしまう人がほとんどです。その原因は遠心力をコントロールできていないことにあります。バックスイングでクラブヘッドが最高点に入る前に体が入っていないと、クラブヘッドの遠心力に負けてしまうのです。

スイング中の「タイムラグ」を重視する

両腕がつくる三角形の頂点を「時計の針」の先端だとイメージすると、平均台ドリルでイメージクロックの9時まで振り上げるのは、かなりきついはずです。よほど股関節がやわらかくないと体がスムーズに動かないので、「8時から3時」の振り幅で練習することをお勧めします。

繰り返しますが、バックスイングとフォローを同じ振り幅にする必要はありません。フォローではクラブの慣性でヘッドが加速するので、振り幅も当然、大きくなります。バックスイングが8時ならフォローは3時、バックスイングが7時ならフォローは4時が振り幅の目安です。

最初は、右手一本で素振りをしてみましょう。クラブの慣性を利用してヘッドが最高点に達すると、ほんの一瞬、フワッと無重力状態を感じる瞬間があります。その無重力状態を感じる少し前に、右足の拇趾球で地面を押すようにフットワークを使って「体を入れる」と、腕とクラブにしなりが入り、下半身リードでやわらかいボールを打つことができます。

このとき、構えたときの右手首と「グリップ」がつくる三角形をなるべく崩さないようにすることも大切です。右手首と「グリップ」の角度を保ったまま左脇腹を後ろに引き、グリップエンドが左腰を指しながら右ひじを抜いて、体の中に入れていきます。左胸と一緒に顔も動いてしまうと、右肩が出てバランスを崩してしまうので注意してください。

慣れてきたら両手でクラブを持ち、最初はイメージクロックの「7時から4時」、次に「8時から3時」という振り幅でボールを打ってみましょう。フットワークを使うのは右手一本のときと同じです。クラブヘッドが最高点に達し、無重力を感じる直前に右足の拇趾球をグッと地面に押し込んでいきます。

正しい動きができるようになると、球質がやわらかくなるのと同時に、距離のバラツキがなくなります。「7時から4時」、「8時から3時」のイメージで、繰り返し練習しましょう。

このドリルによって培われるフットワークと両ひじと両腰の同調性は、ショートゲームだけでなく、すべてのショットに共通して重要です。小さい動きから練習して体にしみ込ませていけば、中距離、長距離のショットも安定していきます。

動きが小さくてもしなりが使えると、スイングに「タイムラグ」、「間」が生まれます。そのタイムラグのあいだに体を入れることができると、クラブの重心を高い位置にキープしたまま、ヘッドの重みを利用して振り子のように振ることができます。このようなスイングは、インパクトゾーンを長く取れるため、フェース面を変えずに「乗せて運ぶ」打ち方が可能になるのです。

もう一つ、大切なポイントがあります。バックスイングでのクラブの上げ方です。G1メソッドのアプローチでは、バックスイングでグリップエンドがほぼ体の中心を指し続け、両ひじも身体の幅からはみ出しません。スイングのどの時点でも、スタンスを動かしてクラブヘッドと正対すると、必ずフェースが自分のほうを向きます。

どうすれば、そのようなバックスイングができるでしょうか？　ポイントは、左手の小指の使い方にあります。左脇の後ろ側を締めたまま、左手の小指で下から巻き上げるように、クラブを上げていくのです。

左ひじは下（地面）を向き、少し曲がった状態になります。左手の親指が自然と立ち、左手の甲は正面を向きます。これが、正しいクラブの上げ方です。したがって、イメージクロックの9時の位置にクラブヘッドが上がるまでは、ヘッドは手元よりも前（胸側）にあります。

チップショットの場合は、アドレスでグリップエンドが左腰寄りにあるので、ピッチ&ランよりもフェースが下を向き、ボールを向いているような感覚があります。

一方、ロブショットの場合は、ハンドレイトの状態で構えるため、左手小指を巻き上げるようにクラブを上げていくとコックが強くなり、クラブヘッドが手元よりも高い位置に上がります。

ピッチ&ラン、チップショット、ロブショットの違いはそれだけで、左手の小指で巻き上げるようにクラブを上げていくことは共通しています。ぜひ正しいクラブの上げ方をマスターして、アプローチ名人になってください。

ウォークスルードリル

アプローチでも、肩と腰の捻転差は必要です。アプローチショットで捻転差をつくる体さばきをマスターするための効果的なドリルを紹介しておきましょう。

「ウォークスルードリル」です（図4-8）。このドリルをおこなうことで、肩と腰の捻転差をつくることができます。

4-8 ウォークスルードリル

胸の面を右に向けたまま、左足つま先を軸に、右腰を正面に向けるつもりで下半身を回していく

ボールを打った後に最短距離で右足を動かし、右足かかとの内側を左足のつま先につける。両太ももを密着させて、ひざもピッタリ合わせる

ウォークスルーというと、「ボールを打った後に、右足を一歩踏み出して歩き出す」ドリルをよく目にします。しかし、G1メソッドのドリルでおこなう動作は、それとは異なります。

G1メソッドのウォークスルードリルでは、ボールを打った後に最短距離で右足を動かし、右足かかとの内側を左足のつま先につけ、両太ももを密着させて、ひざもピッタリ合わせます。これを自分から見ると、右足と左足が逆L字形になります。大きく右足を目標方向に踏み出すウォークスルードリルとは、まったく異なる動きです。

胸の面を右に置き去りにして腰を回すことがコツです。胸を飛球線後方に向けたまま左足つま先を軸に、右腰を正面に向けるつもりで下半身を回し、フィニッシュでも胸の面を起こさずに前傾姿勢をキープ。右ひざを曲げたまま、右足に荷重します。3秒ほどこの姿勢でバランスをとった後に静かに右足を元の位置に戻すと、ピッチ&ランの正しいフィニッシュの形になります。

このドリルで胸と腰との最大捻転差を感じることができるようになると、シャフトが体に巻きついたまま身体に近いところを通って動くようになります。手を使ってボールを突きにいくのではなく、ハンドファーストのまま「まーるく」振る感覚もわかってくるでしょう。

スイングに胸と腰の捻転差をつくることは、アプローチに限らず、通常のショットの上達にも欠かせません。特に、アプローチでロフトどおりの距離が出ずにお悩みの方には非常に効果的なドリルです。ぜひ、繰り返し練習してください。

右手は「ボールを運び」、左手は「スイングをガイドする」

次に紹介するのは、右手と左手の「ワンハンドドリル」です。

アプローチショットでは、身体の動きとクラブの動きを同調させることが大切です。体幹、腕、クラブの動きを完全に同調させ、振り子のようにスイングします。そのために欠かせないのが、右手と左手の正しい使い方です。右手と左手にはそれぞれ、個別の役割があります。

右手の役割は、「ボールを運ぶ」ことです。遠心力を感じながらクラブの慣性を殺さずに、フェースにボールを乗せて運びます。

一方の左手は、「スイングのガイド」役です。左手でフェースの管理をおこないます。

それぞれに重要な役割を担っている右手と左手の動きを協応させて初めて、腕と身体の回転が同調し、やわらかいボールを打つことができます。ワンハンドドリルは、その右手と左手の正しい使い方・動きをマスターするためのドリルです。

ワンハンドドリル（右手）

まずは右手からおこないます。

右手のポイントは、構えたときに右手首内側と「グリップ」のあいだにできる三角形の角度が変わらないようにスイングすることです。特に30ヤード以内のピッチ&ランの場合は、絶対にこの角度を変えてはいけません。手首を使って、グリップと右腕の間隔が離れたり近づいたりすると、ダフリやトップの原因になります。右手一本で打っても、この角度が変わらなければ、ダフリやトップは生じません。

この動きを身につけるために、右手一本でボールを打つワンハンドドリルをおこないます（図4－9）。

「グリップ」が手のひらを斜めに横切るように右手でクラブを持ったら、右ひじを体の前に入れて右脇腹に引きつけ、クラブを吊るように構えます。このとき、ハンドダウン気味に構えてしまうと、右手一本でスムーズにクラブを動かすことができません。どちらかというと、クラブヘッドのソール全体が地面に着くように、シャフトを立ててアップライト気味に構えてください。

その体勢から右ひじでクラブを吊り、クラブヘッドをほんの少し地面から浮かせます。

ポイントは、右手首と「グリップ」がつくる角度を崩さないことです。特に短い距離のアプローチでは、アドレスしたときに右手首内側と「グリップ」のあいだにできる三角形が崩れないように、胸骨とグリップの動きを同調させて振り子のようにスイングします。

正しい動きができると、ダウンスイングからフォローにかけて、グリップエンドは左腰を指し続けます。「グリップ」が右腕から離れ、グリップエンドが身体の幅を外れて左を指すと、極端

4-9 ワンハンドドリル（右手）

1

右ひじを体の前に入れて右脇腹に引きつけ、クラブを吊るように構える。クラブヘッドのソール全体が地面に着くよう、シャフトを立ててアップライト気味に

2

右手首と「グリップ」がつくる角度を崩さないよう、胸骨とグリップの動きを同調させて、振り子のようにスイングする。ダウンスイングからフォローにかけて、グリップエンドは左腰を指し続ける

3

フォローでは、右ひじが体に巻きつくように左に抜けていく

左脇腹を後方に引きながら、右ひじが体から離れないように「右ひじを抜く」のがポイント！

なハンドファーストになってしまいます。

逆に、「グリップ」が右腕に近づき、グリップエンドが左腰より右を指してしまう人は、手首を使って〝すくい打ち〟をしている証拠です。いずれも、クラブヘッドとボールのコンタクトが一定せず、ダフリやトップのミスを誘発してしまいます。必ず、右手首と「グリップ」がつくる三角形の形が崩れないようにスイングしましょう。

フォローでは左脇腹を後ろに引きながら、右ひじが体から離れないように抜いていきます。「右ひじを抜く」とは、右ひじが体に巻きつくように左に抜けることをいいます。右ひじでクラブを吊って、脇腹に密着させた状態で左胸を後方に引くと、グリップエンドが左腰を指し、きれいに「抜けて」いきます。

クラブヘッドをターゲット方向に振り出してはいけません。クラブヘッドは、身体の回転が加わることで自然にゆるやかな円弧を描いて動きます。飛距離とボールの高さが要求される場合には、回転力を高める必要があるので、体のキレで、よりスイングレフトに振っていくことが求められます。

最初はボールを打たずに、素振りをして感覚を確かめましょう。胸骨と腕の動きを同調させて、「チクタクチクタク……」と振り子のようにクラブを往復させながら、左足かかとの延長線上の地点をヘッドの裏側にあるバンスのヒール側で擦るようにします。

ポイントは、クラブが最高点に上がり切る前に「体を入れる」動作が入り、クラブが降りてくるときに右手首が背屈したまま、グリップエンドが左腰を指していることです。そうしないと、右手首と「グリップ」の角度を保つことができません。グリップエンドが左腰を指しながら、右ひじを曲げたまま抜いていき、ボールをフェースに乗せて送り出すようなイメージで振ってください。

このとき、もう一つ大切なことは、バックスイングとダウンスイングでクラブが動くスピードを変えないことです。ダウンスイングでテンポが速くなってはいけません。必ず、同じペースで振るようにします。

そのためには、スイング中にグリップの強さを変えないことが重要です。途中でグリップが強くなってしまうと、クラブの慣性を感じることができず、スイングのテンポが変わります。グリップの力加減を変えずにソフトな状態を保ったまま、クラブの慣性を感じて振り子のようにクラブを動かします。

素振りで感覚をつかんだら、実際にボールを打ってみましょう。「チクタクチクタク……」と胸骨とグリップエンドの動きを同調させ、慣性に任せてクラブを動かし、フェースの上にボールを乗せて運びます。

ボールがフワッと浮き上がり、やわらかい球を打つことができたら合格です。遠心力を感じながらクラブの慣性に任せてスイングするアプローチを、ぜひマスターしてください。

ゴルフは「左サイドの動き」がすべて

左手に移りましょう。

先ほど説明したとおり、左手は「スイングのガイド」役で、フェースの管理を担当します。スイングの途中でフェースを返してはいけません。フェースが上に向いたまま、ハンドファーストをキープしてボールを打つのが世界標準のアプローチです。

左手を正しく使うためのポイントは、ハの字に振り抜く「体さばき」にあります。ダウンスイングのスタートは、左隣に立つ人に向かって腰の高さの水平チョップを食らわせる動作とそっくり。左腕がしなってひじがやや曲がり、クラブが体に巻きつくと同時に体を入れていくと、小さな裏面ダウンが起こってフェースは上を向きます。

このとき、胸の面が開かないように背中越しを感じると、胸とシャフトのラインが平行になります。この時点で、肩と腰の捻転差ができるので、シャフトの内側を体から離さずに、シャフトがハの字を描くように背中を入れ替え、スーパーハンドファースト（左手首とシャフトがつくる角度が90度に近い）で振り抜きます。

この、ヘッドを背中側に残したまま「小さく」回る感覚が、ボールをフワッと上げて「フェースに乗せて運ぶ」感覚です。

私が敬愛するベン・ホーガンの言葉に、「エブリシング・レフトサイド（左サイドの動きこそすべて）」があります。ゴルフにおける身体の左側の動きが重要であることを、象徴的に示したものです。

トップから右肩が突っ込み、体が開く人は、左肩の開きを少し我慢して下半身リードで振ることができていません。左サイドを鍛えることで、必ず大きな成果につながります。

ワンハンドドリル（左手）

それでは、左手のワンハンドドリルをはじめます。

左手一本でクラブを持ち、クラブヘッドを左足かかとの延長線上にセットします。左手でクラブを持ってアドレスしたら、右手はそのまま下にだらりと垂らすか、あるいは腰の後ろに回してください（図４－10）。

クラブがすっぽ抜けるくらいソフトに握り、クラブの慣性以外の力をできるだけ排除します。そうすれば、しなりが入ってシャフトが体に巻きつき、小さく回ることができます。

ピッチ&ランのような小さなスイングでも、左手のしなりとうねりのフットワークを使って下半身リードでスイングすると、小さな裏面ダウンが起こり、フェースは上を向きます。クラブへ

4-10

ワンハンドドリル（左手）

1　左手一本でクラブを持ち、クラブヘッドを左足かかとの延長線上にセットする（ボールを置いてもOK）

2　あごの下にヒール寄りのバンスを接地させるつもりでも、クラブが背中側に入れ替わる瞬間に、フェースがボールに向かっていく

3　フォローでは、左手の甲とクラブフェースがともに上を向く。ヘッドが「フワッ」と浮き上がってくる感覚があればOK！

ッドを背中側に残し、シャフトが右太ももに巻きつくぐらい体の近くを通してハンドファーストでスイングします。左手首とシャフトの角度をキープしたまま、ヒール寄りのバンスをあごの真下に接地させるつもりで下ろしたら、シャフトの内側が左脚太ももに巻きつくようにクラブが背中側に入れ替わります。そのとき、左手の甲とクラブのフェースがともに上を向き、ヘッドがフワッと浮き上がって、ボールをフェースに乗せて送り出す感覚があります。

これが、正しい左手の使い方です。

手首を使ってヘッドを前に振り出してしまうと、フェースが返り、引っかけたりトップしたりと、ミスを繰り返してしまうでしょう。

左手の片手打ちは、難度の高い上級者向けテクニックですが、クラブを短く持ってかまわないので、左手の使い方をじっくり確認しながら習得してください。

右手と左手の役割をしっかりと理解し、正しい使い方を覚えることが、アプローチ上達の近道です。左右両方のワンハンドドリルに繰り返し取り組んで、左手でフェースの管理をしながら、右手でフェースの上にボールを乗せて運ぶ感覚を養いましょう。

ハンドファーストドリル

G1メソッドのアプローチショットは、右手首内側と「グリップ」がつくる角度を保ったまま、インパクトからフォローにかけてクラブを抜いていくのが基本です（右手首「内側」とあえて内側を強調するのは、手首を外側に背屈した状態をキープすると、手首がガチガチになってしまい、クラブをうまく振れないからです）。グリップエンドが右腕に近づいても離れても、どちらもいけません。構えたときの右手首とシャフトの角度をキープしたまま右ひじを抜いていき、左胸を後ろに引きます。

ハンドファーストの状態をキープできると、フィニッシュでは自分から見て右前腕部とシャフトが「く」の字になります。すべてのアプローチショットに共通する特徴です。

「ハンドファーストドリル」は、この感覚を養うドリルです（図4－11）。

サンドウェッジのシャフト上部をグリップし、クラブを短く持ちます。そのままアドレスするとヘッドがボールに届かないので、両ひざを曲げて小さく構えてください。グリップエンドは、左腰の横にきます。グリップエンドを身体の中心に向けて構えると、お腹に当たって邪魔になるので、自然とその位置に収まるはずです。

その姿勢ができたら、クラブヘッドのリーディングエッジで草を刈ることをイメージしてください。この体勢で構えると、必ずフェースは開きます。フェースのリーディングエッジを鎌の刃に見立てて、左手で持った草の根元をリーディングエッジ＝鎌の刃で刈っていく感覚でスイングするのです。

4-11 ハンドファーストドリル

サンドウェッジのシャフト上部をグリップし、クラブを短く持つ。両ひざを曲げて小さく構えると、グリップエンドは左腰の横にくる

リーディングエッジで草を刈るイメージで、グリップエンドが左腰の位置から離れないように右ひじを抜き、左胸を後方に引く。手を使ってクラブを操作し、グリップエンドがお腹に当たってしまうと、フェースが被ってボールは上がらない。ハンドファーストをキープしたまま、ヘッドのヒール側・バンス部分を滑らせていく

グリップエンドが左腰ギリギリの位置から離れないようにしながら右ひじを抜き、左胸を後方に引きます。顔は残して、左の頬から左胸を引き離すようなイメージです。

手を使ってクラブを操作し、グリップエンドがお腹に当たってしまうと、フェースが被ってボールは上がってくれません。グリップエンドが体に当たらないようにハンドファーストをキープしたまま、クラブヘッドのヒール側・バンス部分を滑らせます。

このドリルは、ウェッジで打ってもボールの上がらない人や、ボールをフェースに乗せる感覚のない人には、非常に効果があります。ぜひやってみてください。

4-4 状況別「最善の」アプローチショット①――「ボールを上げる」編

第二のロブショット――「ショートハイロブ」をどう使うか

ここからは、状況に応じて威力を発揮するG1メソッドならではのテクニックを紹介していきます。まずはカップまでの距離が短いときに使う「ショートハイロブ」です（図4-12）。ボールは高く舞い上がり、すぐ近くに落下します。

このショットを打つときは、最初からインパクトの形をつくっておくことがポイントです。スタンスを肩幅に開き、ボールを左足かかとの延長線上に置いたら、右ひざをキックインしてグリップを左足股関節の前まで移動させ、クラブを倒します。荷重配分は、左足6に対して右足4。かなりハンドファーストな形です。その状態でクラブのフェースを頭上時計で1時半から2時ぐらいまで開き、フェースを寝かせます。これでアドレスは完成です。

この状態から、ノーコックで胸の回転だけで水平にテイクバックします。ヘッドは、飛球線後方から見て自分のズボンの脇の縫い目よりも後ろには引かないようにしてください。インパクトでは、通常のロブショットと同じようにボールの下にフェースを滑らせて、だるま落としの感覚で打ちます。ヘッドの裏面が「ストン」と落ちる感覚です。

最初からインパクトの形をつくっておくことがポイント!
1

肩幅のスタンスで、ボールを左足かかとの延長線上に置く。右ひざをキックインしてグリップを左股関節の前まで移動させ、クラブを倒す。荷重配分は左足6に対して右足4。

2

フォローでは、両ひじの高さがそろって、身体に近いところを通る。フィニッシュでしっかり背中を回すと、ボールがフワッと浮き上がり、すぐ近くにポトンと落下する

両脚太ももの上に乗っているサラダボウルを、両股関節の切り上げ／切り下げによって動かすイメージで、リズムよく振る。この「うねりのフットワーク」が、ボールの勢いを殺してくれる重要ポイント！

フォローでは両ひじの高さがそろって、身体に近いところを通ります。バックスイングが小さいためスイングに勢いがつかず、手でクラブを押してしまいがちですが、両ひじが体から離れてはいけません。両脚太ももの上に乗っているサラダボウルを、両股関節の切り上げ／切り下げによって動かすイメージでフットワークを使い、リズムよく振ることがポイントです。このうねりのフットワークが、ボールの勢いを殺してくれます。

フィニッシュでしっかり背中を回すと、ボールがフワッと浮き上がり、すぐ近くにポトンと落下します。カップまでの距離が近く、下りの傾斜がきついときなどに必要なショットで、グリーンエッジのすぐ近くにカップが切ってある場合のバンカーショットにも使います。

ヘリコプター——「左足上がり」でボールを高く上げる技術

続いて、左足上がりのライで使う「ヘリコプター」です（図4－13）。

左足上がりのライで、よく見かける打ち方はなんでしょうか？　それは右足の前にボールを置き、左ひざを曲げて傾斜に対して逆らって立ち、上からヘッドをぶつけるように打つ打ち方です——右足寄りにボールを置いたほうが当てやすいので、こういう打ち方をするのでしょう。

しかし、この打ち方ではボールはきれいに上がりません。また、インパクト後にヘッドが地面に突き刺さり、手に衝撃が残ります。手に衝撃が残ると次のショットに影響してしまうので、へ

左足上がりのライで使う「ヘリコプター」

4-13

シャフトは正面から見て真っすぐに
（少しハンドレイトでもOK）
1

ボールは両足の真ん中に置き、傾斜に対して背骨が垂直になるように構える＝右肩が低い右足体重

2

左手の手袋のマークが自分を向くように、クラブを縦に上げていく

ヘリコプターだけは、
ハンドファーストは大敵！
3

手首を支点にヘッドを振り下ろし、ボールの下に入れていく

右手は伸ばさず、左胸を開きながら右腕を胸に
巻きつけ、両ひじを曲げてクラブを引きつける
4

クラブのフェースが自分に迫ってくるようにクラブを抜く

ッドが地面に刺さるのは避けたいところです。そんなときに活用できるのが、「ヘリコプター」というテクニックです。

ヘリコプターは、手首を積極的に使って、クラブを回すように扱うショットです。右手首が回転軸となってクラブがクルリと回るイメージがヘリコプターの羽根を連想させるので、「ヘリコプター」と名づけました。

クラブヘッドは絶対にインに引きません。飛球線後方から見ると、ヘッドがグリップより前にある状態（胸より遠い状態）を保ち、グリップ支点の「まーるい」遠心力を感じながらクラブを回します。ここまでに紹介してきた、手首を使わずにフェースの面さばきで打つショットとは、根本的に違うショットです。

左足上がりのライでのヘリコプターの打ち方を具体的に説明しましょう。左足上がりのライでは、両足の真ん中、ないしは、やや左足寄りにボールを置き、傾斜に対して背骨が垂直になるように構えます。当然、右肩のほうが低くなり、右足体重になります。

その状態で、正面から見るとシャフトが真っすぐ、あるいは、手元がボールよりも後ろにあるハンドレイトの状態で構えてください。Ｇ１メソッドのショットはハンドファーストが大原則ですが、ヘリコプターだけは例外です。必ず、正面から見てシャフトが真っすぐか、少しハンドレイトの状態で、ややフェースを開いて構えます。

バックスイングでは、その状態から左手の手袋のマークが自分のほうを向くように、クラブを縦に上げていきます。クラブをインに引かずに、手首を使ってクラブヘッドを縦に上げていくことがポイントです。飛球線後方から見ると、ヘッドが手元よりも背中側に入ることは一度もありません。ヘッドが手元より前（胸側）にある状態を保ったまま、クラブを縦に上げていきます。

ダウンスイングでは手首を支点にヘッドを振り下ろし、ヘッドをボールの下に入れていきます。このとき、絶対に手元を先行させてはいけません。ヘリコプターだけは、ハンドファーストは大敵なのです。必ずヘッドを先行させて、バンスを滑らせてボールの下に入れていってください。

このとき、平均台ドリルで習得したフットワークと、左サイドの後方への引きを使って、身体を回転させます。身体の回転が止まると、左ひじが詰まって大ダフリになります。必ずフットワークを使いながら、左脇腹を思い切り後方に切って、身体を回してください。

フォローでは、リーディングエッジが真上を向き、クラブのフェースを自分の顔のほうに向けて、フェースが自分のほうに迫ってくるようにクラブを抜きます。右手は伸ばすのではなく、胸に巻きつけるような感覚です。左胸を開きながら右腕を胸に巻きつけ、両ひじを曲げてクラブを引きつけます。

フィニッシュでは、右手のひらで左の頬を叩くような形になります。ボールの位置よりも後方にボールを飛ばしているかのような感覚があれば、手首が支点で「まーるく」円を描けている証拠です。スイング中は最後まで右足体重のまま、傾斜に対して背骨が垂直な状態を保ちます。この動きができると、クラブがきれいに振り抜け、ボールは非常に高く舞い上がります。

ヘリコプターはボールが高く上がるぶん、飛距離は出ません。カップまでの距離がある場合は、ピッチングウェッジや９番アイアンを使います。残りの距離に応じて、サンドウェッジ、アプローチウェッジ、ピッチングウェッジ、９番アイアンと、クラブを持ち替えて打つようにしましょう。

ヘリコプターは、左足上がりのライ以外でも活用できます。

たとえば、カップが奥に切ってある砲台グリーンをオーバーして、グリーンエッジからピンまでの距離が非常に近いといった状況では、ボールを高く上げて、かつ止める必要があります。ヘリコプターは、そのような状況で力を発揮します。

平坦のライの場合は、左足かかとの延長線上にボールを置きますが、それ以外は、左足上がりのライで打つときとまったく同じです。

手首を支点にクラブを回して、フォローではフェースが自分に迫ってくるように右腕を体に巻きつけ、引きつける——。この打ち方ができるようになると、ボールがとても高く上がって、落ちてからピタリと止まります。ぜひトライしてみてください。

横ヒンジ――「左足下がり」で球を上げてカップに寄せる方法

左足下がりのライでは、「横ヒンジ」というテクニックを使います（図4-14）。

一般的には、手首を親指方向に曲げる動きを「コック」、右手首を甲側に曲げる動きを「ヒンジ」と使い分けています。

ヘリコプターでは、左手の手袋のマークが自分に向くようにクラブを縦に上げると解説しました。手首に注目してこの動作を見ると、両手首を親指側に折っていく動きになります。いわゆる「コック」です。これに対して「ヒンジ」は、右手首を甲側、左手首を手のひら側に折る動きを指します。

私が使っている「横ヒンジ」という言葉は、それとは少し意味合いが違います。手首のコック（橈屈）とひじのたたみによって、クラブを地面と水平に動かす動作のことを、「横ヒンジ」とよんでいます。単純に手首を曲げる方向を指しているわけではありません。右ひじを内側にしぼり込みながら右手のひらを上に向け、右手首を親指側に折っていく動きを「横ヒンジ」とよんでいるのです。一般的に使われる「ヒンジ」と混同しないように注意してください。

左足下がりのライでは、この「横ヒンジ」を使ってボールを上げ、カップに寄せていきます。

左足下がりの状況でまず大切なのは、セットアップです。ヘリコプターと同様に、傾斜に対し

4-14

左足下がりのライで使う「横ヒンジ」

1

肩幅よりも広くスタンス幅をとり、重心を低くする

2

重心を下げたぶん、グリップの位置も下がり、ややハンドダウン気味の構えに

ダウンスイングで右太ももが内旋し、右ひざが沈んでいく。左ひざでこれを受け止める

「斜面に沿って、低く振る」がポイント!

て背骨が垂直になるように構えてください。スタンスが狭いとバランスを崩してしまうので、スイングしてもグラつかないように、肩幅よりもかなり広くスタンス幅をとり、重心を低くします。

ボールの位置は、両足の真ん中で結構です。重心を下げたぶん、グリップの位置も下がり、ややハンドダウン気味の構えになります。

この状態から右ひざを軽くキックインし、右足の土踏まずの内側で地面をエッジングします。したがって、右ひざの位置が低くなります。ダウンスイングで右太ももが内旋し、右ひざはさらに沈んでいきますので、これを左ひざで受け止めます。

バックスイングで横ヒンジをおこない、右手首の橈屈と右ひじのたたみによって、クラブを地面と水平に動かします。左手の手袋のマークは、ずっと上を向いています。

横ヒンジをおこなうときは、手元をあまり動かさないように注意してください。手元をインに引いたり、横に動かしたりしてはいけません。手元は動かさずに、右ひじを内側にしぼるようにしながら手のひらを上に向け、右手首を親指側に折ることで横ヒンジをおこない、クラブを水平に移動させます。

縦コックも、もちろんNGです。左足下がりのライで縦コックをしてクラブを縦に上げている人をよく見かけますが、縦コックを使うと、ボールをすくい上げようとしてトップしたり、突っ込んでシャンクしたりと、いろいろなミスが出てしまいます。左足下がりでは必ず、横ヒンジを使うようにしましょう。

バックスイングのイメージとしては、クラブヘッドがズボンの右脇の縫い目よりも後ろにいくことはありません。身体の回転が加わると、実際には、それよりも後ろまでヘッドは動きますが、イメージとしては「ズボンの右脇の縫い目まで」と思ってください。それでも、グリップの位置があまり動いていないので、右手首とシャフトの角度は非常に鋭角になり、ハンドファーストの度合いが大きくなります。

その状態からハンドファーストをキープして、ヘッドを背中に残したまま身体を回転させます。手を使ってヘッドを前に出すのは、絶対にいけません。ヘッドを残したまま、小さく回ります。

重要なのは、「斜面に沿って、低く振る」ことです。自分でボールを上げようとして、ヘッドを持ち上げてしまうとミスをします。ヘッドを背中側に残して「まーるく」振ることによって、クラブのフェースは上を向きます。そのフェースに乗って、ボールは自然に、フワッと上がるのです。「まーるく」振らないと、ボールは上がってくれません。

シャンクの心配は御無用——ボールに対して内側からヘッドを入れる

ヘッドを残して身体を回転させると、ボールに対して内側からヘッドが入ります。クラブのフェースが上を向いた状態で内側からヘッドを入れると、シャンクを心配する人もいるかもしれません。

確かに、左足下がりでシャンクをするケースはよくあります。しかし、シャンクが出るのは、スイング軌道がアウトサイドインになったときです。アウトサイドインで右ひざが前に出たときに、ネックに当たってシャンクが起こるのです。

内側からボールの下にクラブヘッドを入れることを怖がらないでください。内側からクラブヘッドが入り、フェースのヒール側からトゥ側にボールが滑っていくと、ボールはフワッと上がります。

フォローでは、背中が構えたときの正面を向くぐらいの勢いで体を回します。フィニッシュでは、ノーマルのアプローチと同じく、グリップエンドが左腰を指し、クラブヘッドが右腰の延長線上にきて、自分から見ると、右腕とシャフトが「くの字」形になります。

スイング中に左のひざが外側に割れたり、伸びたりしないことが重要です。ダウンスイングでは右太ももが内旋し、右ひざが下がります。このパワーを左ひざでしっかりと受け止めなくてはいけません。地面に着きそうになるくらい右ひざを低くできると、より高いボールを打つことができます。

この動きをマスターするためのドリルを一つ紹介します（図４－15）。

このドリルは、クラブは使いません。左手の手刀で左太ももを擦っていくことで、両脚の使い方と、上半身の動きを覚えます。

クラブを持たずに左足下がりのライに立ち、「背骨は斜面に対して垂直」「ワイドスタンス」「低重心」「右足をキックインさせて右ひざを下げる」という、先ほど紹介した左足下がりのライでのセットアップをおこないます。

その後、左手の指をピンと伸ばして手刀をつくったら、胸を右に回して斜め45度後方に向け、左ひじを曲げてプロレスの水平チョップを打つときのような体勢をとります。

このとき、左手の甲は上を向いています。その体勢のまま身体を回転させ、左手の小指側の側面で左脚の太ももを擦っていきます。左斜め下に向かってクラブを振り下ろす感覚を養ってください。

胸の面は、左手の手刀が左太ももに触れるまでは開きません。左手の手刀が左太ももを擦ったと同時に開いていきます。

スイングの途中で左ひざが伸びてしまったり、外側に割れてしまったりすると、左手は左太も

左斜め下に向かって
クラブを振り下ろす感覚を養う「手刀ドリル」

4-15

1

左足下がりのライに立ち、胸を右に回して左ひじを曲げ、水平チョップを打つ体勢をとる

2

身体を回転させ、左手の小指側の側面で左脚の太ももを擦っていく。左手の手刀が左太ももに触れるまで胸は開かない

3

左手の手刀が左太ももを擦ったと同時に、胸を開いていく。スイング中、右太ももが内旋しながら右ひざが下がっていく。右ひざが低くなればなるほどボールは上がる

もに届きません。絶対に左ひざを動かさないようにしておいてください。

スイング中、右太ももが内旋しながら右ひざは下がっていきますが、右ひざが低くなればなるほどボールは上がります。左ひざを動かさずに、このパワーをしっかり受け止めましょう。

上体が左股関節に乗り、左足の外側を覗き込める位置まで回れば、きれいに振り抜けている証拠です。

このドリルで横ヒンジの体の使い方をマスターできれば、左足下がりのライに限らず、どんな状況でもボールがフワッとポップアップするようになります。深いラフに上からスポッとボールがはまり、草の根元に隠れたようなライからでも、かんたんに脱出できます。

ぜひこの「手刀ドリル」を実践し、横ヒンジの体の使い方を体得してください。

4-5 状況別「最善の」アプローチショット②――「ボールを転がす」編

ブラッシング――チップインの確率を高める「転がし」のテクニック

「ブラッシング」は、ボールがグリーンに近いときに使うアプローチショットです。クラブヘッドのソールで芝の先端をブラッシングするようにストロークすることが、その名の由来です。

ボールを低く打ち出してランを使うアプローチとしては、チップショットをすでに紹介しましたが、ブラッシングで打ったボールは、チップショットよりも高く上がりません。ひざぐらいの高さにボールを上げて、転がす感覚になります。

アプローチウェッジやサンドウェッジを使ったチップショットも有効ですが、ライを問わず、かんたんでミスをしないメリットがあることから、私はブラッシングを勧めています。

グリーンエッジから3～4m以内のショットも、ウェッジを使ってボールを上げるより、9番アイアンや7番アイアン、ユーティリティなどを使ってクラブの慣性でブラッシングしたほうが、パターのように転がってチップインの確率は高くなります。10ヤードを超える場合は、キャリーとランの比率を合わせやすく、計算が立てやすいという利点もあります。

「ボールを転がして寄せる」ということでは、一般的なランニングアプローチと同じですが、ブラッシングアプローチとランニングアプローチでは、セッティングが違います。

一般的なランニングアプローチの場合、ボールを右足の前に置く人がほとんどです。なかには右足小指の前にセットする人もいらっしゃいます。身体の右寄りにボールを置いてハンドファーストで構えるので、当然、クラブのロフトが立ちます。７番アイアンでも、５番アイアンぐらいのロフトになってしまいます。

打ち出されたボールはスピンがかからず、ゴロゴロと転がってなかなか止まってくれません。ボールをヒットする強さで距離感を合わせなくてはいけないので、相当な練習量を必要とします。

それに対して、ブラッシングアプローチはボールを身体の右側に置きません（図４－16）。

ブラッシングでは、両足の間隔をこぶし一つ分開けて立ち、かかとを中心に両足のつま先を頭上時計で11時半まで左に回します。両足を平行に保ったまま、つま先が開いて逆ハの字にならないよう注意してください。

ボール位置は左足親指の前で、正面から見ると地面に対してシャフトが真っすぐになるようにクラブを構えます。番手どおりのロフトで打つことができるため、最初からゴロゴロ転がるのではなく、ボールがポップアップしてからグリーンに落ち、その後にランが出るポップ＆ランの弾道になります。

4-16

1 シャフトが地面に対して真っすぐになり、番手どおりのロフトで打つことができる。ポップアップして、グリーンに落ちた後にランが出るポップ&ランの弾道になる

2 ボールは左足親指の前。スクエアより6～12度開いて構えると、スピンが効きながら転がるボールが打てる

3 両足をこぶし一つ分開けて立ち、かかとを中心に両足のつま先を左に回す。両足は平行を保ち、つま先が開かないよう注意

4 左ひじからヘッドまで一直線になる。ショットではなく、パターの握り方と同じ形

5 アップライトに構えるぶん、ボールとの距離が近い。地面にソールがピタッと着く構えに

6 ソールで芝先をブラッシングする感覚でボールを打つ。胸骨を軸に胸をしっかりと動かし、グリップを同調させる。スイング軌道はピッチ&ランよりも直線的に

体重配分は左6対右4の左足体重で、正面から見るとボールの真上に右目がきます。フェースはスクエアでもかまいませんが、頭上時計で12時から長針で1～2分（6～12度）開いて構えると、スピンが効きながら転がります。

スイング軌道もややカット気味になるので、スライス回転がかかり、ボールがよく止まります。一般的なランニングアプローチに比べて、ボールが転がる距離を計算しやすいという特徴があります。

ブラッシングの秘訣は縦グリップにあり！

お気づきのように、ここまでのセッティングは、ボールの位置が少し左寄りになる以外は、ノーマルのアプローチであるピッチ&ランとほぼ同じです。ブラッシングアプローチのセッティングでピッチ&ランと大きく異なるのは、「グリップとボールとの距離」です。

グリップは、クラブの「グリップ」が左手首の付け根から人差し指の方向に、手のひらの真ん中を縦に抜けていくように握ります。ターゲット側から見ると、左ひじからクラブヘッドまで一直線になります。これはショットではなく、第5章で紹介するパターの握り方と同じです。

通常のショットはグリップが左手のひらを斜めに横切るように握りますが、ブラッシングではパターと同じように手のひらを縦にクロスさせる「縦グリップ」になります。この縦グリップが、最も振り子ストロークをおこないやすいグリップなので、パターの握りを勧めています。

左手は人差し指を伸ばし、右手をそっと添えて、両ひじでクラブを吊って構えてください。グリップは、触っている程度の感覚でやわらかく握り、ストローク中はその状態を保ちます。

縦グリップで握り、シャフトを立ててクラブを吊ってアップライトに構えるぶん、ボールとの距離は近くなります。ソールのヒール側が浮かない程度に、できるだけボールに近づいて立ってください。ボールに近く立ち、地面にソールがピタッと着く構えにします。これでアドレスは完成です。

このアドレスから、クラブのソールで芝先をブラッシングする感覚でボールを打ちます。距離が短いときのピッチ&ランと同じ振り子ストロークで、胸骨を軸に胸をしっかりと動かし、その動きにグリップを同調させます。ピッチ&ランを打つときと同様、右手首内側と「グリップ」がつくる三角形を変えてはいけません。手を使ってこの角度が変わると、ミスにつながります。右手首と「グリップ」がつくる三角形を崩さずに、胸とグリップの動きを同調させて振り子のようにスイングしましょう。

ピッチ&ランと違うのは、スイング軌道です。シャフトを立ててクラブを吊ってアップライトに構えているぶん、スイング軌道はピッチ&ランよりも直線的になります。

注意していただきたいのは、クラブをシャットに上げないことです。クラブのフェースをボールに向けたままバックスイングする人がいますが、フェースが被ってシャットに上がってしまいます。その状態からボールを打ちにいくと、ボールの右上をフェースで包み込んでしまうためにフック回転がかかってしまい、ボールが止まりません。クラブをインサイドに引いて、フェースがシャットだと、さらにフック回転がかかり、ボールはもっと転がってしまいます。

ヘッドのトゥ側が少し開いて上がる感覚になりますが、それが正しいテイクバックです。右手首と「グリップ」がつくる角度を崩さないように、トゥ側を少し開くイメージでバックスイングします。このとき、絶対にクラブをインサイドに引かないようにしてください。両足つま先をややオープンスタンスで構えているので、その両足つま先のラインに沿ってクラブを上げていくイメージです。

フォローでのクラブヘッドの動きも、ほぼ直線的になります。ロブ系のショットの場合はフォローで左胸を開き、構えたときの正面を向くぐらい背中を回しました。しかし、ブラッシングのストロークはパターと同じく、ほぼ直線的な動きなので、左胸はそれほど開かず、クラブヘッドもターゲットラインから大きくは外れません。飛球線に対してフェースを向けたまま、低く打ち出すようなイメージです。

打ち終わったら、ボールが止まるまで頭の高さを変えないようにしてください。これは、後述するパッティングも同じです。研ぎ澄まされた集中力が求められるときは、頭の高さを変えないことが非常に大切です。

「クラブの慣性」以外の力を排除する――ボールを「弾く」より「押す」感覚で

ブラッシングアプローチは、振り子運動をおこなうクラブの慣性に任せて、ボールを打ちます。ボールを弾くというよりも、クラブの慣性で「ボールを押していく」イメージです。クラブの慣性以外の力はできるだけ排除する感覚で、打ってください。当然、手を使ってクラブを操作してはいけません。

そのために重要なのは、下半身リードでスイングすることです。バックスイングでクラブが最高点に達したとき、ブランコが頂点に達したときのようにフワッと無重力状態を感じる瞬間があります。その直前に右足の拇趾球で地面を押すと、右ひざがキックインして下半身リードでダウンスイングが始まります。クラブヘッドが自重で落ちてくる感覚もつかめるはずです。

この動きができると、下半身リードでスムーズにクラブが動き、インパクトがとてもやわらかくなります。逆に、右ひざの動きが止まると、手を使ってクラブに余計な力を加えやすくなります。ブラッシングは小さなスイングですが、やはりフットワークを使うことが重要なのです。

ブラッシングアプローチでもう一つ注意したいのは、バックスイングの大きさです。

ブラッシングアプローチのバックスイングは、最大でも正面時計の「8時」まで。ブラッシングアプローチに「9時」というバックスイングはありません。ヘッドが9時まで上がってしまうと、重力で加速が大きくなるとともにボールに対する入射角がキツくなって、ヘッドが地面に突き刺さりやすくなります。これでは、芝先をブラッシングすることはできません。バックスイングは最大でも「8時」までに抑えるようにしましょう。

グリーンまでの距離が近いときは7番でブラッシング

ブラッシングアプローチで使用するクラブは、9番アイアン、7番アイアン、ユーティリティの3本が基本です。正規ロフトのモデルよりもロフトが立っているストロングロフトのアイアンをお使いの方であれば、ピッチングウェッジ、8番アイアン、ユーティリティという組み合わせでもかまいません。

クラブの慣性で振れるようになると、キャリーとランの割合の目安も定まってきます。9番アイアンでキャリー5に対してラン5、7番アイアンはキャリー3に対してラン7が目安です。

グリーンまでの距離が近い場合は、7番アイアンのブラッシングアプローチがお勧めです。カラー付近にボールがあり、エッジから1m以内にボールを落とすときは、バックスイングが小さくすみ、安全に転がすことができます。

ユーティリティの使い方

ユーティリティはシャフトが長いので、「グリップ」を短く持ちます。両手がグリップカバーからはみ出し、直接シャフトを握るぐらい短く持ってください。クラブを長く持ってボールの位置から手元が離れれば離れるほど、ヘッドが描く軌道は丸くなります。ブラッシングアプローチでは、なるべくヘッドを直線的に動かしたいので、クラブを短く持ってグリップを身体に引きつけます。

手元を左脚太ももに近づけ、「グリップ」を左腰に当ててください。ボールの位置は左足小指の前で、オープンスタンスに構えます。こうすれば、ボールの近くに立つことができます。ユーティリティの場合、ボールまでの距離を20㎝くらいにすることで、低く真っすぐに軌道が安定します。

このとき、あまりハンドファーストにならないように気をつけましょう。ハンドファーストでロフトが立ってしまうと、ボールが「ポッコン」と跳ねてしまい、まっすぐ転がってくれません。ボールを左足つま先の前、あるいは、小指の前に置き、正面から見てシャフトが真っすぐになるように構えて、パターのようにクラブを真っすぐ引いて、真っすぐ出していきます。

ブラッシングはグリーン周りのアプローチだけでなく、ライの悪い状況でも威力を発揮します。第3章で紹介したように、林の中から脱出するときも使えますし、ボールがディボット跡に入ってしまったとき、きつい逆目や、バンカーの砂が飛び散っているグリーンエッジ、あるいは、カラーの部分にボールがあるときなどにも非常に有効です。ダフったりトップしたりせずに、ボールを打ち出すことができます。20ヤード、30ヤードと距離が長くなったら、そのぶんグリップをしっかり持って、フェース面でボールを弾いてやれば大丈夫。長い距離のアプローチでも、うまく打つことができます。

ポイントはフェース面の使い方です。ヘッドを打ち込むのではなく、「ソールで芝先を擦るショット」、「クラブの慣性でボールを押すショット」であることを忘れずに練習し、ぜひスコアメイクの武器にしていただきたいと思います。

タラタラ——下り傾斜でボールの勢いを殺す技術

ピンを狙ったショットがグリーンをオーバー。ボールはグリーン奥のカラーに止まったものの、そこからカップまでの距離が5mほどしかなく、ものすごく速い下りのスロープになっているとき、あなたならどのクラブを選択しますか？

おそらく、パターを使って寄せようとする人が多いでしょう。しかし、ちょっとボールに触っただけで反対側のグリーン下まで転がってしまうような状況では、パターを使っても、なかなか

下り傾斜でボールの勢いを殺す「タラタラ」打法

4-17

1 サンドウェッジのフェースを1時半〜2時くらいまで極端に開いて構える

2 ボールの位置は、フェースの開き具合に応じて、左足かかとの延長線上から左足小指の前までの範囲で移動する。カップまでの距離が近いほど、ボール位置は左足小指寄りに移動し、フェースの開きも大きくなる

1 ヘッドを上げるのは、くるぶし程度の高さまで

2 浅い入射角でフェースを入れ、ヒール側からトゥの上側まで、フェースの上でボールを転がすイメージでクラブを振り抜く

3 フォローでは手元を左脇腹に引きつけ、フェースが自分に迫ってくるように右ひじを抜く

4 "死に球"になったボールは、タラタラと勢いなく転がっていく

カップに寄せることはできません。

そんなとき、G1メソッドでは、「タラタラ」というショットで対応しています。着地したボールがタラタラと転がってカップに寄っていくのが、その名の由来です。手で投げたときよりもボールに勢いがなく、重力だけで転がっていくようなイメージです。「タラタラ」で打ったボールは、俗にいう「死に球」になり、パターで打ったときよりもゆっくりと転がってくれます。

では、その打ち方を伝授したいと思います（図4-17）。

クラブはサンドウェッジを使います。ポイントは、極端にフェースを開いて使うことです。傾斜の強さやカップまでの距離などの状況に応じて、頭上時計でトゥが1時半から2時のあいだを指すように構えます。

フェースの開き具合に連動して、ボールの位置も左足かかとの延長線上から左足小指の前までの範囲で移動します。カップまである程度の距離がある場合は、ボールを左足かかとの延長線上に置き、フェースは1時半ぐらいまで開きます。

カップまでの距離が近くなればなるほど、ボール位置は左足小指寄りに移動し、フェースの開きも大きくなります。グリップを飛球線後方に倒し、フェースを上に向けたら、ボールを中心に頭上時計で6時から5時の位置に反時計回りに回り込んで、スタンスをとってみてください。かなりオープンスタンスになって、左足小指の前までボール位置が移動しているはずです。

このとき、フェースはトゥが頭上時計の2時を向くくらいまで目一杯開き、手元がクラブヘッドより後ろにあるハンドレイトの状態になります。これが、グリーンエッジから2～3mのところにカップが切ってあるときのセッティングです。このようにボールの位置とフェースの開き具合を調整することで、距離感を変えることができます。

セッティングができたら、両足つま先を結んだラインに沿ってスイングします。オープンスタンスなので、クラブヘッドが描く軌道はカット軌道になります。フェースを開く度合いが大きくなり、よりオープンスタンスになるほど、カットの軌道が強くなるので、距離は出ません。

バックスイングでは、くるぶしくらいの高さまでしかヘッドを上げません。これ以上、ヘッドを高く上げるのは危険です。手首をコックしてクラブヘッドを高く上げたり、バックスイングを長く引いてしまったりすると、ミスの原因になります。

インパクトは、だるま落としのイメージです。小さなバックスイングから浅い入射角でフェースを入れていき、ヒール側からトゥの上側まで、フェースの上でボールを転がしていくようなイメージでクラブを振り抜いてください。

ヘッドがボールの下を抜けたら、フォローでさらにフェースを開く感覚があります。フェースでだるま落としをした瞬間に、手元を左脇腹に引きつけ、クラブフェースが自分のほうに迫ってくるように右ひじを抜いてくると、シャフトが立ってきて右前腕部とシャフトが「く」の字形になり、右手のひらが自分のほうを向きます。左胸もしっかり引いて、体を回します。

こんな小さなショットに大げさな動きは不要と思われるかもしれませんが、ヘッドを残しておくと二度打ちの危険性がありますので、ヘッドを早く引きつけるようにしましょう。

絶対にやってはいけないのは、フェースをボールの下に入れた後に、ヘッドを目標方向に動かしてしまうことです。ヘッドを目標方向に出すと、ボールとフェースのコンタクトが「点」になり、ボールに勢いがついてしまいます。

このショットのポイントは、いかにフェースの上で斜めに、長くボールを転がすかです。ヒールからクラブを入れてトゥ側の上部まで、フェースの上でボールを滑らせるようにクラブを抜いていく——その点だけに、集中してください。

この体の使い方をマスターすれば、完全にボールの勢いを殺した「死に球」を打てるようになります。足の速いグリーンで強力な武器になるこのタラタラショットの習得に、ぜひチャレンジしてみてください。

4-6 ラフに強くなる!——状況別の効果的4打法

グリーン周りのラフからのアプローチは「助走」をうまく使え!

ラフからのアプローチは、ボールの状況によって打ち方を変えなくてはいけません。

「①ボールが少ししか沈んでおらず、芝の上に浮いていて打ちやすいライ」であれば、ノーマルのピッチ&ランの打ち方で問題ありません。バンスを使えるようにややフェースを開き、ピッチ&ランと同じように打ってください。

ボールが浮いていて打ちやすい状態では、ボールに対してきっちりヘッドを入れようとすると、トップしがちです。ボールの手前と先には必ず草が生えていますから、その草ごと刈っていくようなイメージで打ちます。

「②ボールが半分ぐらいラフの中に沈んだ状態」の場合は、構えは同じですが、フェースをさらに開きます。頭上時計で1時くらいまでフェースを開いてください。ボールが浮いているときと違うのは、スイングに裏面ダウンの動きが入ることです。ダウンスイングで、せんべいをひっくり返すぐらいの小さな裏面ダウンをおこなってクラブヘッドを背中側に置き、トゥ側を後方（背中側）に向けたまま、体の回転でゆっくり「まーるく」振ります。

その理由は、ヘッドがラフに負けないようにスイングの助走を長くしたいからです。助走とはタイムラグのあいだにクラブが体に巻きつきながら落下する時間です。絶対に打ち急いではいけません。スイングに助走がなく、上げて下ろすだけで「ガン」と突きにいってしまうと、ボールはコントロールが利かず、吹っ飛んでいってしまいます。ヘッドを背中側に残したまま、やわらかく、ゆっくり振ることがポイントです。

「③ボールがすっぽりとラフにはまり、上から覗き込まないと見えないような状況」では、構え方が変わります。両ひざを曲げて重心を下げ、ハンドダウンで構えてください。「なるべくヘッドに草を絡ませたくない」という意識が働くせいか、この体勢から手首の縦コックを使ってシャフトを立て、上から鋭角にヘッドを打ち込もうとしている人をよく見かけますが、絶対にうまく打てません。クラブを縦に上げるとボールをすくいにいってしまい、かえってラフの影響を受けてしまいます。

重心を低くして、ハンドダウンで構えたら、手元が低くなったぶん、横ヒンジを使います。そうです、左足下がりのライでボールを上げたいときに使った横ヒンジです（192ページ参照）。右ひじを内側にしぼりながら右手のひらを上に向けて右手首を親指方向に曲げ、ヘッドを水平移動させるのが横ヒンジでした。バックスイングではなるべく身体を回さずに、横ヒンジの動きだけで、クラブヘッドを背中側に持っていきます。そして、ヘッドを背中側に残したまま、「まーるく」振ります。

フェースは頭上時計で1時から2時くらいに開き、右足の前から左足の前まで、クラブヘッドの通り道にある草を全部刈るようなイメージで振り抜きます。前にも説明しましたが、クラブヘッドのリーディングエッジを鎌の刃に見立て、リーディングエッジ＝鎌の刃で、左手でつかんだ草を根元から刈り取るようなイメージです。ヘッドスピードがあれば、きれいに草が刈られて、ボールはフワッと浮かんでくれます。

そのためには、やはり長いスイングの助走が必要です。手でヘッドを前に出してボールに当てにいくと、ヘッドスピードは絶対に上がりません。身体の後ろからヘッドが出てくる感覚で「まーるく」クラブを振って、フィニッシュで正面の人に背中が見えるぐらいまで回転しましょう。ライが悪いと、どうしてもボールに意識が集中して、ボールを打ちにいってしまいがちです。それがミスに直結するので、ボールに対してはあまり意識を集中せず、ボールの周辺をボヤッと見るようにするのがポイントです。

ボールはスイングの通過点にすぎません。正しいセットアップで、正しいスイングができれば、しっかりボールをとらえることができます。つねに軸を感じて「まーるく」振ること、「ハの字」に振ることを心がけてください。

逆目のラフは「斜めに切る」

最後は「④逆目のラフ」からの打ち方です。

逆目のラフでは、芝目の流れに逆らってボールに対してヘッドを真っすぐに打ち込んでいくと、インパクトで詰まってヘッドがラフに突き刺さってしまいます。それを避けるために、芝目の流れに逆らうのではなく、ラフを斜めに切っていくようにスイングします。

逆目のラフの場合、G1メソッドでは9番アイアンを使用します。9番アイアンをノーマルなアドレスで構えたら、グリップを飛球線後方に倒し、サンドウェッジのロフト角になるまでフェースを寝かせます。グリップエンドは、10〜15㎝ぐらい飛球線後方に移動します。

その状態から、こんどはクラブのポジションに合わせてスタンスを移動し、身体も回り込ませます。頭上時計で6時の位置から5時の位置まで反時計回りに回り込むと、6時の位置で構えたときは左足かかとの延長線上にあったボールが、左足小指の前まで移動し、両足つま先を結んだラインは飛球線に対してオープンになります。

この両足つま先を結んだラインに沿って振れば、ボールを斜めにカットするようなスイング軌道になり、逆目になっているラフの抵抗を大きく減らすことができます。

インパクトの前後は、球を上げたいときと同じく、だるま落としのイメージです。ボールと地面のすき間にフェースを入れていきます。このとき、ボールを真上から見ないように注意してください。ボールを上から見てしまうと、ボールと地面のすき間にうまくフェースを入れることができません。必ずボールの右側を見るようにします。入射角が浅く、シャローになるように「低くクラブを引いて、低くフォローを出す」のが、このショットのポイントです。

この打ち方ができるとソールが滑り、クラブの抜けが良くなるので、ボールはフワッと上がってやわらかく転がってくれます。カップに寄る確率が間違いなくアップしますので、ぜひコツをつかんで実戦で活用してください。

4-7 バンカーに強くなる!——アゴも目玉も、もう怖くない

カギは「バンスの使い方」——砂をいかに「爆発」させるか

バンカーショットは別名、「エクスプロージョンショット」ともよばれます。エクスプロージョンは英語で「爆発」のこと。つまり、砂を爆発させるようにして打つショットという意味です。

しかし、私が思うに、この「砂を爆発させる」の意味を誤解している人が非常に多い気がします。上からドスンとヘッドを砂に打ち込むことで、砂を爆発させようとしている人が非常に多いのです。この打ち方ではヘッドが砂から抜けていかず、ボールはうまく上がりません。

バンカーショットのカギは、「バンスの使い方」にあります。サンドウェッジには、クラブフェースの裏側に「バンス」とよばれる山切りカットのように三角形に出っ張った部分があります。バンカーショットは、このバンスを使って砂を爆発させ、ボールを上げているのです。

そのメカニズムを説明しましょう。クラブヘッドのソールを地面に着けた状態から、シャフトをターゲットの反対方向に倒し、フェースを寝かせて真上に向けてください。クラブヘッドのソールではなく、バンスの部分が接地しているはずです。

この、フェースが上を向いた状態で砂の上にヘッドを落とすのが、エクスプロージョンショッ

トです。砂に落ちたヘッドは、ヒール寄りのバンスから接地することで砂に跳ね返されます。跳ね返ったときに、ボールの下に入ったクラブヘッドのフェースが砂とボールを一緒に持ち上げてくれるのです。バンスによってクラブヘッドが砂の上でバウンドすることで砂が爆発し、砂ごとボールも上がってくれるわけです。

これが、ほんとうのエクスプロージョンショットです。ドスンと砂に打ち込み、ヘッドが砂に潜ってしまうと、ボールがフェースの上で跳ねることはありません。

ボールの下の砂の中に、四角い板切れが埋まっていると想像してください。裏面ダウンを使って、シャフトの内側が巻きつきながらクラブが降りてくる「シャローアタック」でバンスから落とすと、板切れを滑って「コーン」という乾いた音がして、フェースが真上を向いたまま、フワッと浮いてくる感覚があります。バンスの跳ね返りを利用した「裏面バンカー」ショットです。

一方、リーディングエッジからヘッドを砂に打ち込んでしまうと、どうでしょう？　ヘッドと板が衝突して、「ガツン」という音とともに、下手をすると板が割れてしまいます。

私のレッスンではときどき、実際に板切れを砂に埋め込んで、その上にボールを置いて打ってもらうことがあります。バンカーショットは、この「バンスの跳ね返りで、フェースが真上を向いたままフワッと浮いてくる感覚」が大切なのです。ヘッドの跳ね返りを感じない人は、いつまで経ってもボールが上がりません。

バンスが砂に接地してヘッドが跳ね返されると、「パーン」と乾いた音がします。パーンと砂を叩く音がするようになれば、バンスを使えている証拠です。

バンカーショットの二大重要ポイント

バンスを使って打つためのポイントは、「グリップの強さと裏面ダウン」です。

グリップは極力軽く握って、右腕をやわらかく使います。

右手の親指、人差し指、中指の3本でボールを軽くつまんでテイクバック。切り返しで右ひじを内転させて身体の中心に近づけ、右前腕部を回外させると、腕の力が抜けていれば、親指と人差し指のあいだからポロッとボールが落ちます。そんなイメージで、きわめてソフトなグリップで右腕をやわらかく使って裏面ダウンをおこない、フェースを真上に向けます。

もう一つ大切なのはフットワーク、第2章で解説した「うねり」の動作です。両脚の付け根に乗っているサラダボウルの底を股関節に沿って滑らすようなイメージで、両ひざをやわらかく使って左右の股関節の切り上げ／切り下げをおこなうと、バックスイングでフワッと浮いたクラブヘッドが自らの重みで落下します。

この、クラブの自然落下に身体の回転が加わると、体に巻きつくように裏面ダウンしてきたヘッドが地面をポンと叩き、ボールはフワッと上がってくれます。バックスイングでクラブヘッドが最高点に達し、無重力状態になる直前にスッと重心を落として、ヘッドを背中側に残したまま小さく回るイメージです。左手首とシャフトがつくる90度の角度をキープし、スーパーハンドファーストの状態で、ヘッドの裏面で地面を叩きながら、フットワークを使って自分が回転してクラブを「まーるく」、「ハの字」に振ります。身体の回転を止めて、グリップを支点に上からドンとヘッドを落とし、砂に突き刺してしまうと、ボールは上がりません。

フォローでは、グリップエンドが左腰の横に直角に進入。左胸と左脇腹を後ろに引いてしっかりと回転し、クラブを左に振っていきます。左胸を引くと同時に右のお尻を正面に向けるつもりで、シャフトが右の太ももの前面から離れないように振っていくと、しっかりと体幹が回って、背中が完全にターゲットと反対方向を向きます。

このとき、両ひじが体から離れないように注意してください。手が目標方向に出てしまうと、ボールが上がりません。

お札一枚分の砂を削り取る

「裏面バンカー」ショットの基本を身につけるためのドリルを紹介しましょう。

両足をスクエアに構えたら、両足の真ん中よりボール1個分左に、飛球線と垂直に一本線を引いてください。そのラインが、ボールの手前のバンスを落とす位置になります。

準備ができたら、連続でスイングしながら、その線のところにバンスを落とし、線より前方（ターゲット側）の砂をバンスで削り取っていきます。ポイントは、なるべく薄く砂を削り取ることです。

線の手前を削ってしまう人は、ヘッドを打ち込んでいると考えられます。必ず線のところにバンスを落とし、ヘッドが砂に弾かれる感覚をつかんでください。連続でおこなって、同じような長さで、お札一枚分くらいの薄さの砂を削り取れるようになると、球筋も距離感も安定したバンカーショットが打てるようになります。

このドリルは、右手のワンハンド、左手のワンハンドでもおこなうとさらに効果的です。バンカーの苦手な人はぜひ練習してみてください。

バンカーショット——三段階の距離別打ち分けをマスターする

基本をマスターしたら、距離の打ち分けを習得しましょう。

バンカーショットは、カップまでの距離によって、構え方、打ち方が少し変わります。ただし、原則として能動的なコックは使いませんので、その点を頭に入れておいてください。

カップまでの距離を三つのケースに分けて、それぞれ説明していきます。

「①カップまでの距離が10ヤード程度のとき」のバンカーショットは、実際のラウンドでもよくあるケースです。この場合、スタンスを肩幅よりやや広めにとり、ボールを両足の中心よりもやや左に置きます。シャフトの傾きは正面（胸側）から見ると地面と垂直です。バンスが接地するように、頭上時計の1時半ぐらいまでフェースを開き、やや左足体重で構えます。体重配分は、左6対右4くらいがいいでしょう。

バンカーショットの際にオープンスタンスで構える人をよく見かけますが、G1メソッドでは、カップまでの距離が近い場合を除いて、ほぼスクエアに構えます。そのため、スイング軌道はアウトサイドインにはなりません。フェースにボールを乗せるように、ヘッドを背中側に残してインサイドからクラブを出し、小さく回るようにします。

「②カップまでの距離が近いとき」のバンカーショットは、先に紹介した「ショートハイロブ」の打ち方と基本的に同じです（185ページ参照）。

あらかじめややハンドファーストで構え、フェースを頭上時計の2時ぐらいまで開きます。体重配分は、左6対右4の左足体重。スタンスはややオープンに構えます。その体勢から、コックは使わずにハンドファーストの状態を保ったまま、うねりのフットワークを使ってスイングします。手元を大きく動かさずに、身体のモーションだけで振るようにしましょう。

インパクトは、ボールの下にフェースを入れて、ボールを「フェースに乗せる」だるま落としの感覚でスイングします。バンスが砂に跳ね返され、ヘッドの浮力で勝手にボールを上げてくれます。

大事なのは、ショートハイロブ同様、打ち急がないこと。ヘッドを速く動かそうとせず、フットワークを使いながら手元を引きつけて小さく回り、なるべくゆっくりスイングしましょう。

「③カップまで30ヤード以上の距離があるとき」は、サンドウェッジではなく、７番アイアンを使うことをお勧めします。７番アイアンのフェースを頭上時計の２時〜２時半くらいまで思い切り開いて、ハンドファーストに構えます。超ハンドダウンの、超低重心の構えです。

ポイントは、なるべく浅い入射角でボールの下にフェースを入れていくことです。身体をあまりねじらずに、手元の動きを小さく、クラブを地面と水平に動かして横ヒンジで上げます。ヘッドを背中側に残したまま回転して、フォロースルーを低く収めると、サンドウェッジで打ったときに比べて低い弾道でボールが飛び出し、遠くまで運ぶことができます。

30ヤード、40ヤード、50ヤードと、距離のあるバンカーショットでは、７番アイアンが武器になります。ぜひトライしてみてください。

「左足下がり」の克服法

続いて、ライの違いによるバンカーショットの打ち方を解説していきます。

まずは、「左足下がり」のライです（図４－18）。バンカーショットのなかでも、特に左足下が

ボールを上げようとして身体の軸が右に傾き、ボールの手前を叩いて大ダフリ……！　これを防ぐには？

1 背骨が斜面と垂直になるように構える

2 ボール位置は、両足の真ん中よりボール1個分、左足寄り

3 右ひざを少し内側に入れ、右足土踏まずの内側でエッジをかける

4 最重要ポイント！　右目はボールの真上に、顔の半分以上がターゲット側にあるのが正しいポジション

左ひざは、身体が左側に流れないように“つっかえ棒”の役割を果たす

りのライを苦手としているアマチュアゴルファーは少なくありません。ボールを上げようとして身体の軸が右に傾き、ボールの手前を叩いて大ダフリ。そういうケースが非常に目立ちます。

左足下がりのバンカーショットは、構え方がとても大事です。G1メソッドでは、身体を斜面の角度分だけ左に倒し、背骨が斜面と垂直になるように構えます。ボール位置は、両足の真ん中よりもボール1個分、左足寄りに。右ひざを少し内側に入れて、右足土踏まずの内側でエッジをかけます。バックスイングで右ひざが邪魔になるようなら、右足の位置を少しかかと側に下げて、クローズドスタンス気味にしてもかまいません。

最も重要なポイントは、「顔の位置」です。右目がボールの真上にきて、顔の半分以上はボールの前（ターゲット側）にある感覚で構えます。絶対にボールを右（ターゲットと反対側）から見ないようにしてください。ボールを右から見ると身体の軸が右に倒れ、ダフりやすくなってしまいます。

クラブフェースは頭上時計で1時〜1時半くらいに開き、ややハンドダウン気味に構えます。その体勢から、コックを使ってクラブを縦に上げ、左手袋のマークが自分のほうを向くようにバックスイングしてください。フェースが閉じずに、構えたときの開いたままの状態でクラブを上げることができます。

左ひざは正面を向いたまま、伸ばしたり横に割れたりしないようにしてください。左ひざは、ダウンスイング以降、身体が左側に流れないように〝つっかえ棒〟の役割を果たします。右足が内旋する力を左ひざでしっかりと受け止めて、バランスを崩さないようにしましょう。

インパクトは、だるま落としのイメージです。基本的に、30ヤード以上のピッチショットやロブショットの動きと変わりません。

フォローのポイントは、長く、低いフォローをとろうとしないことです。ボールの下にヘッドを通してだるま落としをしたら、クラブが背中側に入れ替わったところで左腰横の低い位置で左手のひらが目標方向を向き、左手を甲側に背屈させてシャフトを立たせます。

フィニッシュでは、シャフトがアドレス時の正面側にやや傾きます。飛球線後方から見ると、背骨の前傾とシャフトが平行になるようなイメージです。グリップは右手の親指と人差し指のあいだのV字に食い込んできて、余計にフェースを開く感じがあり、リーディングエッジは真上を向きます。

ボールを上げにくい左足下がりのバンカーショットでも、この打ち方ができれば、ボールはフワッと上がってくれます。ぜひマスターしてください。

アゴのプレッシャーを取り除く「左足上がり」脱出術

次に、「左足上がり」のライです（図4－19）。「左足上がり」のバンカーショットは、基本的

1　背骨が斜面と垂直になるように、傾斜に沿って構える。左足が高い右足体重

2　ボールは、両足の真ん中よりも少し左足寄りに

3　インパクトは、ハンドレイト気味にボールの下にフェースを入れる

4　フォローでは、フェースが自分に迫ってくるように両腕を引きつけて、クラブを抜く

左ひざを曲げて、ボールを右足寄りに置くのはNG

ヘッドが突き刺さり、ボールは上がらない

にアプローチの左足上がりの打ち方と同じです。

アドレスでは、背骨が斜面と垂直になるように、傾斜に逆らわずに構えます。したがって当然、右足体重になります。左足のほうが高い構えです。

ボールの位置は、両足の真ん中よりも少し左足寄りです。絶対に、右足寄りにボールを置かないでください。左ひざを曲げて、傾斜に逆らって重力どおりに地球に対して真っすぐ立ち、ボールを右足寄りに置いて上からドーンとヘッドを打ち込みがちですが、この打ち方ではヘッドが突き刺さってボールが上がらず、ミスをしてしまいます。

インパクトは、ハンドファーストにならないよう注意しましょう。手元を前に出さずにハンドレイト気味にボールの下にフェースを入れていき、フォローではフェースが自分の顔に迫ってくるように両腕を引きつけて、素早くクラブを抜いていきます。

ここでも、右手で手刀をつくり、ボールの下に入れていくイメージです。右手のひらを上に向けてボールの下を抜いたら、右手のひらで左の頬を叩くように右ひじを曲げていきます。左胸を引いて右ひじを曲げ、最短距離で左の頬を叩くようにしてください。

左足上がりのバンカーショットでは、体重移動はおこないません。左に体重移動をすると、ヘッドが砂に突き刺さってダフります。最後まで、右足体重のまま振りましょう。

左足上がりは、バンカーのアゴまでの距離が近い状況が多いため、ボールを高く上げなければ脱出できません。それがプレッシャーとなり、左足上がりのバンカーショットを苦手としている人も少なくないでしょう。

でも、大丈夫です。この打ち方をマスターすれば、フワリとボールが上がるので、目の前にアゴがあっても、恐怖感を覚えずに打つことができるようになります。ぜひトライしてみてください。

「目玉」から直接、カップに寄せるには

バンカーに入ったボールが砂に埋まり、目玉になっている状況もやっかいです（図4－20）。「目玉はアンラッキーなのでしかたがない。バンカーから脱出さえできれば十分だ」という気持ちで打っている人が、ほとんどではないでしょうか。

しかし、目玉といえども、諦めないでください。バンカーからただ脱出するだけではなく、カップに寄せていただきたい——私はそう考えます。やっかいな目玉の状況でもボールがフワリと浮いて、カップに寄っていく打ち方を伝授したいと思います。

目玉の打ち方のポイントは三つあります。

一つめはバックスイングの方向です。G1メソッドのスイングは、基本的に手首のコックを意識せずにクラブを上げていきますが、目玉の状況では例外的に、積極的にコックを使ってシャフ

4-20

アンラッキー?
いや、カップに
寄せましょう!

積極的にコックを使ってシャフトを立て、右耳と右肩のあいだにクラブを上げていく

ボールの後ろにバンスを「ドンッ」と落としたら、それで終わり! フェース面は絶対に変えない

入射角は鋭角に!

トを立て、右耳と右肩のあいだにクラブを上げていきます。

二つめのポイントはインパクトです。目玉のときも、他のバンカーショット同様、フェースを開いてバンスを使いますが、通常のバンカーショットではバンスが砂に弾かれてヘッドが抜けていくのに対し、目玉では、ボールの後ろにバンスをドンッと落としてヘッドを止めます。したがって、ボールに対するヘッドの入射角は、通常のバンカーショットよりも鋭角になります。右耳と右肩のあいだに上げたクラブヘッドを、最短距離で落とすようなイメージです。

三つめは、バンスを砂に落としたら、フェース面を絶対に変えないことです。バンスを砂に落としたらスイングは終了。そこから前にヘッドを出してはいけません。ヘッドを前に出してしまうと、球が上がってくれずにミスになってしまいます。下手をすると、低く打ち出されたボールがバンカーのアゴに突き刺さり、ますます厳しい状況になってしまうでしょう。

目玉の状況では、「ドンッ」とバンスを落としたら、それで終わり。これを肝に銘じて、落としたときにその反動で体幹が弓なりになったりブレたりしないように、真っすぐキープできることが大事です。それ以上は動かないようにしてください。

この打ち方ができるようになると、目玉からでもボールがフワッと上がり、グリーンに乗って止まってくれます。半分くらいまでボールが砂に埋まっていても、ちゃんとボールは上がりますので、怖がらずにチャレンジしてください。

PUTTING

第5章

世界標準のパッティング

──「低く押す」パットでカップにねじ込む

5-1 世界標準のストローク

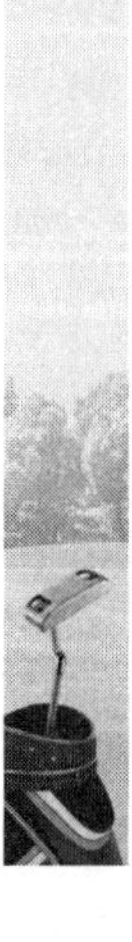

〝ジャパニーズ・パッティング〟は「ボールの推進力」が弱い

「パッティングのスタイルは十人十色」と、よくいわれます。実際、トッププロたちのパッティングを見ても、アドレス、グリップから使用するパターの長さ、ヘッドの形状まで、じつにさまざまです。

しかし、一見するとまったく異なるパッティングスタイルのように見えて、じつは〝共通している部分〟があります。それは、パッティングの「ストローク」です。グリップやアドレスの姿勢は違っても、クラブヘッドが描く軌道には一定のパターンがあり、それこそが「世界標準のパッティング」を形成しているのです。

私から見ると、ストロークは二つに大別されます。

一つは、グリップエンドを支点とする「振り子型ストローク」です。グリップを支点としてクラブヘッドを振り子のように動かし、ヘッドが最下点を過ぎた上がり際に、ボールの赤道より上を擦り上げるように打ちます。振り子型ストロークはグリップエンドを支点とするため、手元はあまり動かないのに対して、クラブヘッドの運動量は大きくなります。

もう一つは、積極的に手元をターゲット方向に動かし、クラブヘッドでボールを押していく「押し型ストローク」です。ハンドファーストの状態でボールの赤道より下を打ち抜くイメージで、左手の甲でボールを押すように「低く、長く」ストロークします。押し型ストロークでは当然、振り子型ストロークよりも手元の運動量がかなり大きくなります。

日本ではこれまで、前者の振り子型ストロークが一般的でした。

手の運動量が最小限ですむため、ストロークが安定する。インパクトでゆるんだり、パンチが入ったりしにくいので距離感をつかみやすい。ヘッドが最下点を過ぎた上がり際にボールの上部を擦り上げるようにヒットすることで、ボールに順回転がかかり、ボールの転がりがよくなる……。それらの理由から、振り子型ストロークが推奨されてきました。

しかし、そこには大きな誤解があります。ボールの赤道より上を擦り上げるように打つと、ボールの転がりがよくなるというのは間違いです。むしろ「ボールの推進力」が弱くなってしまうのです。

ビリヤードでボールに順回転を与える「押し球」を打つときは、たしかにボールの赤道よりやや上を突きます。しかし、ビリヤードの場合は、下から擦り上げるようにボールを突くわけではありません。必ず、水平よりも上からボールを突きます。上から芯を打ち抜いているから、ボールに強い推進力を与えることができるのです。

下からボールの上部を擦り上げる振り子型ストロークは、ビリヤードでいうと、キューの先端が上がって、ボールの芯を打ち抜けなかった失敗ショットのように、私には感じられます。これでは、推進力のある順回転のボールは打てません。特に、女性がロングパットを苦手としているのは、振り子型ストロークで打っていることが原因だと思われます。

火付け役はJ・スピース

一方の押し型ストロークは、グリップがクラブヘッドよりも先行したハンドファーストの状態でボールをとらえ、左手の甲をターゲット方向に動かして、ヘッドの慣性を殺さずに、なおかつ加速させながらボールを押していく打ち方です。最高点の無重力状態＝〝タイムラグ〟(〝間〟)の直前にグリップがターゲット方向に動き出し、グリップがヘッドより先行したまま、パターの慣性でボールを押し出すことで、順回転を生み出します。

私は、押し型ストロークのほうにこそ、ビリヤードの押し球に近い感覚があると思います。ボールの芯をしっかりと打ち抜くので、インパクトから先はスムーズに加速します。順回転で転がりがよく、しかも推進力の強い、伸びのあるボールが打てます。

そして現在は、この押し型ストロークが「世界標準のストローク」になっています。

その代表が、パットの名手として知られるジョーダン・スピースです。２０１５年にマスターズと全米オープンを制覇。史上最年少で年間王者に輝いたスピースの活躍が刺激になったのか、ＰＧＡツアーで活躍している選手たちを見ても、多くの選手が押し型ストロークに移行しています。押し型ストロークのほうがボールの転がりがいいことを知り、そのスタイルを変えてきているのです。

もちろん、本書でご紹介するＧ１メソッドのパッティングも、押し型ストロークです。そして、この押し型ストロークをおこなうためには、いくつかのコツがあります。ここからは、そのポイントをわかりやすく解説していきます。

みなさんもぜひ、押し型ストロークにトライして、そのボールの転がりのよさを体感してください。

5-2 パットの成否を分ける「ポスチャー&グリップ」

世界標準のパッティングポスチャー

ショットと同様、パッティングにおいても、ポスチャーは重要です。間違えた姿勢で構えてしまうと、〝やってはいけない動き〟を誘発します。

日本では、お尻を後ろに突き出し、両ひざを伸ばして構える人をよく見かけます。一見すると背筋が伸びてきれいな構えのようですが、この構えでは股関節が入った状態になり、下半身をアクティブに動かしやすくなります。これではパッティング中に腰が開いたり、余計な動きが入ったりしてしまいがちです。正確なストロークが要求されるパッティングでは、下半身はなるべく動かさずに打つのが理想です。「股関節を入れて構えるのはNG」と心得ましょう。

私が推奨する構え方を解説します。まず、両足を肩幅ぐらいに開いて、地面に対して直立します。その後、飛球線後方から見て、両ひざの先端が両足の拇趾球、ないしは、つま先の垂線上にくるように両ひざを曲げてください（図5-1）。

その体勢から上半身を前傾させていきます。お尻をなるべく、後ろに突き出さないようにするのがポイントです。背筋を伸ばしてもいけません。お尻を後ろに出さないように注意しながら、

1

肩幅ぐらいのスタンスで直立した後、飛球線後方から見て、両ひざの先端が両足の拇趾球、またはつま先の垂線上にくるよう両ひざを曲げる

2

頭頂部から耳にかけてのラインが地面と平行になるまで、腰の下部から背中を丸めていく。肩の真下に両腕をダラーンと垂らしてグリップの位置を確認

3

両ひじと身体のあいだはこぶし１個分すき間をあけ、ボールは両足の真ん中よりもボール１個分左に置く

腰の下のほうから背中を丸めていきます。恥骨をクイッと持ち上げておへそを引っ込め、お腹の肉を集めるようなイメージです。

頭頂部から耳にかけてのラインが地面と平行になるまで背中が丸まったら、肩の真下に両腕をダラーンと垂らして両手のひらを合わせます。「パンパン」と手を叩いたら、少しだけ両ひじを上に持ち上げます。ひじが曲がりすぎると、インパクトの瞬間に頭が上がりやすいので注意してください。体のサイズに比べてパターを長く持ちすぎると、ひじが曲がりすぎてしまいます。パターの長さにも気をつけましょう。

両ひじと身体のあいだは、こぶし一つ分ぐらいのすき間をあけてください。お腹を引っ込めているので、ふところの広さを感じることができるはずです。

ボールは、両足の真ん中よりもボール一個分だけ左に置きます。両目のあいだ（眉間）にボールをセットして、そのまま真下に落としてください。落下した地点からボール一個分左が、ボール位置になります。

おそらく、以前よりもボールとの距離が近く、アップライトな構えに感じられると思います。でも、それがお尻を後ろに引かずに、お腹を引っ込めてふところをつくったときの距離感です。お尻を後ろに引いてしまうと、ボールとの距離が離れてしまいます。

さぁ、これでポスチャーは完成です。このように構えると足裏が地面をわしづかみにしたような状態になり、下半身がビクともしません。パッティング中は、ひざも腰も動かないので、ストロークが安定します。

世界標準のパッティンググリップ

正しい「押し型ストローク」をするためには、グリップも重要です。

グリップの一つめのポイントは、力加減です。「グリップはどれぐらいの強さで握るんですか？」という質問をする人が多くいらっしゃいますが、私は、「握る」という表現を使いたくありません。

パッティングのストロークは、背中や胸などの大きな筋肉を使ってコントロールするので、グリップは「スポッと下に落ちない程度に、軽く持っているだけ」というのが私の感覚です。ちょっと力を抜いただけで、クラブが指のあいだをすり抜けて地面に落ちてしまう。それくらいの感覚でグリップしています。

二つめのポイントは、両手の合わせ方です。

まず、両腕の力を抜いて身体の前に垂らし、手のひらを太ももに向けてください。両ひじが外側を向いて少し「く」の字形に曲がり、両手の指先は真下を指します。その状態から、手のひらを上に向けて斜め下から手を上げてきて、身体の中心で両手を合わせます。両手はバレーボールのレシーブをするときのような形になります。

このように手のひらを上に向けて斜め下から両手を合わせると、両手の甲は斜め下を向きます。このようにグリップすると、胸骨を軸に振り子のように胸を動かしただけで、グリップはストレートに近いゆるやかなアークを描き、パターヘッドの動きと同調します。

一方、右手のひらをターゲット方向、左手のひらをターゲットと反対方向に向け、両サイドから挟み込んで合掌するようにしてグリップしてしまうと、雑巾をしぼるときのように両手の甲が斜め上を向き、バックスイングでいったんフェースを閉じ、ダウンスイングでもう一度開いていくような動きを誘発してしまいます。

パターのグリップにおける手の甲の向きは、きわめて大切なのです。

「ターゲット側からグリップエンドが見えない」が正解

続いて、左右それぞれの手の添え方を説明します（図5－2）。

まずは左手です。左手は左斜め下から持ってきて、「グリップ」の左側面に人差し指を伸ばして当てます。次に、反対側の右側面に、中指、薬指、小指の3本を斜めにかけてください。3本とも、第一関節より先の部分が「グリップ」の右側面に当たっている感覚で、深くは握りません。小指と「グリップ」のあいだには、指1本分ぐらいのすき間ができます。

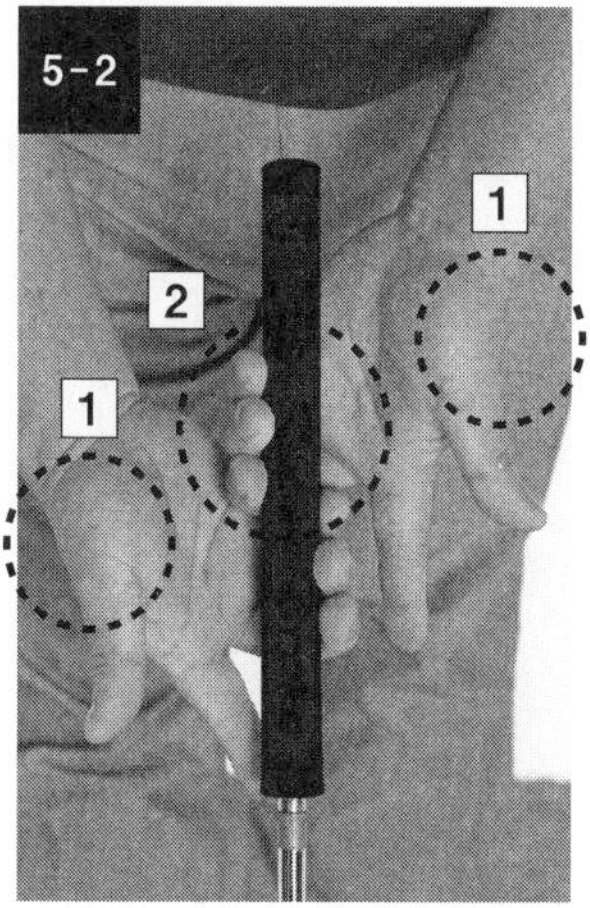

1 パターのグリップは「手の甲の向き」がカギ！
手のひらを上に向け、斜め下から両手を合わせると、両手の甲は斜め下を向く

2 左手の中指、薬指、小指を斜めにかける。３本とも第一関節より先の部分が「グリップ」の右側面に当たっている感覚で、深く握らない

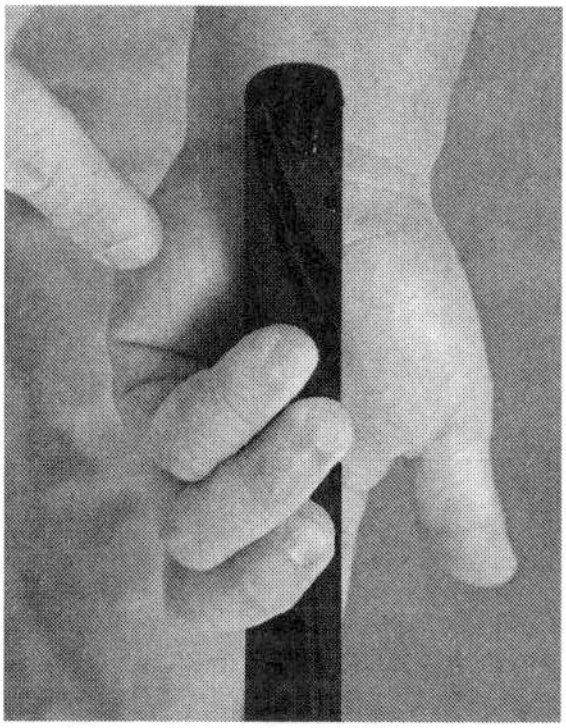

小指と「グリップ」のあいだに、指１本分のすき間ができる

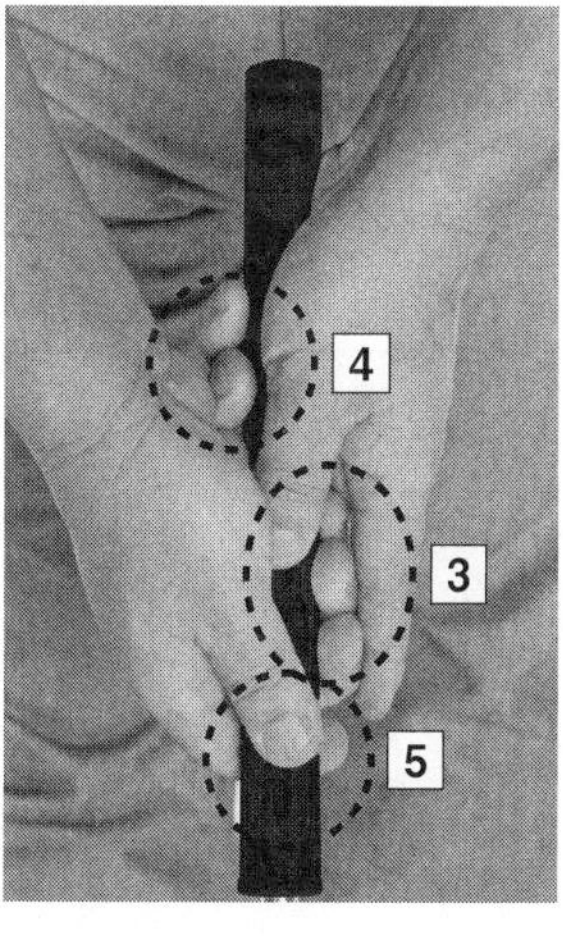

3 左手の人差し指の下に右手の中指、薬指、小指を入れてカギ状に引っかける。

4 右手と左手の間隔はあけずに詰める

5 親指はいずれも「グリップ」に斜めにかけて、人差し指はリラックス

「グリップ」は手のひらの真ん中を縦にクロスし、左手人差し指と中指のあいだから、生命線の終点、手首の付け根の中心付近に抜けていきます。親指は、「グリップ」上部の真上に乗せなくてもかまいません。少し斜めにグリップにかけてください。真っすぐ乗せるのではなく、指先が右斜めに当たるようにしましょう。

右手も、左手と同様に、斜め下からクラブに添えていきます。先ほど「グリップ」の側面に当てた左手の人差し指をいったん浮かせて、空いたスペースに右手の中指、薬指、小指の3本を入れてカギ状に引っかけます。その3本の指の上に、いったん浮かせた左手の人差し指を乗せてください。

このとき、右手と左手の間隔をあけずに詰めておくことがポイントです。そして、右手小指の下の小指球の部分を左手の中指と薬指に当てて、横から包み込むようにします。右手の親指も、左手の親指と同様に「グリップ」に真っすぐ当てる必要はありません。「グリップ」に斜めに親指をかけ、人差し指はリラックスさせて、第二関節から曲げて「グリップ」の裏側に当てます。

これでグリップの完成です。この形をターゲット側から見ると、左ひじからパターヘッドまでが一直線になり、グリップエンドは左手の前腕部にすっぽり隠れて見えません。ターゲット側から見て、グリップエンドが左前腕部からはみ出るグリップは、手首をアクティブに使えてしまうのでお勧めできません。必ず、グリップが左前腕部で隠れるように構えましょう。

このグリップなら、自然とボールに近づいてアップライトに構えることができます。また、ボールに対してアドレスしたとき、ふつうにグリップすると右手のほうが前に出て遠くなるので、右肩を引いて調整しなくてはいけませんが、このグリップなら何もしなくても大丈夫。両肩を結んだライン、両ひじを結んだラインと、両手親指がつくる面が自然とそろうので、そのままの状態でアドレスすることができます。

これがＧ１メソッドのパターグリップです。海外では、このグリップを「オルタナティブグリップ」とよんでいます。最初は違和感を覚えるかもしれませんが、繰り返し練習して感覚をつかんでください。

5-3 「押し型ストローク」のメカニズム

「クラブのしなり」を使う――「フォワードプレス」とはなにか

ポスチャーとグリップがしっかりできたら、いよいよストロークです。

上半身の基本的な動きは、振り子型ストロークと同じ「振り子バランス」。すなわち、胸骨とグリップエンドを同調させる動きです。正しく振り子バランスができているかどうかは、次の方法で確認できます。

まず、飛球線後方から見て頭頂部から耳を結んだラインが、地面と水平になるまで上半身を前傾させ、シャツの第二ボタンあたりの胸骨にグリップエンドを当てます。その状態で胸骨を軸に、グリップエンドが胸骨を指したまま胸を左右に動かし、ストロークしてください。

前傾の度合いが正しく、振り子バランスで胸骨が動いていれば、ヘッドは蛇行しません。逆に、パターヘッドが蛇行するようならば、正しい振り子バランスでストロークできていない証拠です。ポスチャーとグリップを確認し、もう一度やり直してください。

ストロークがはじまったら、振り子バランスはストップすることなく動き続けます。そのスピードは一定で、左右均等です。

ここまでの動きは、振り子型ストロークと押し型ストロークに共通しています。押し型ストロークが振り子型ストロークと異なるのは、「クラブのしなり」を使うことです。パッティングにしなりを加えると、やわらかい順回転のボールを打つことができます。

「クラブのしなり」というのは、グリップとヘッドの動きにズレを感じることです。パターのネックから上の5㎝ほどの部分に、フニャフニャで太めの針金がついているとイメージしてください。すると、ヘッドが最高点に上がったときにグリップが早く動き出し、一瞬、ヘッドが取り残される感覚があるはずです。これが「クラブのしなり」です。

「えっ！　このゆっくりした動きのなかにしなりがあるの？」と思われるかもしれませんが、最高点で少しタメることができると、実際に小さな、やわらかいしなりを体感できます。

バックスイングでは胸骨とグリップエンドが振り子の支点になって動き、ヘッドが最高点に達したときに生じる無重力状態の直前に、グリップがヘッドより先行。このグリップとヘッドのズレを維持したまま、パターの慣性で押し出していくのが押し型ストローク（Forward Gap Stroke）です。

グリップとヘッドのズレを感じ、「クラブのしなり」を使って、左手の甲で押し出すようにストロークすると、よくフォローが出て、伸びのある押し球が打てます。

クラブのしなりを使うためのポイントをいくつか紹介しましょう。

一つめは、「フォワードプレス」です（図5－3）。ストロークの始動で、グリップエンドを目標方向に倒すフォワードプレスをおこないます。「イチ」で、グリップエンドを目標方向にプッシュ。「ニ」でグリップと胸骨を一緒に動かし、バックスイングします。

フォワードプレスをおこなう理由の一つは、パターヘッドのロフトを立たせるためです。ふつうに構えると、パターヘッドのロフトは3～4度あります。フォワードプレスの動きを入れることで、このロフトが立ちます。

じつは、最新のパッティングの科学では、超高速カメラを使った検証によって、マイナス4度のロフトでインパクトすると、最適な転がりを得られることがわかっています。パターヘッドのフェース面が地面と垂直になったときがロフト角0度ですから、それよりも少しだけフェースが被った状態でインパクトしたほうが、ボールの転がりがよくなるのです。

そのためG1メソッドでは、フォワードプレスをおこなって5～7㎝ほどグリップエンドを動かすように指導しています。5～7㎝くらい思い切ってフォワードプレスをおこなうと、インパクトロフトが理想とされるマイナス4度に近づきます。しっかりとフォワードプレスを入れてから、バックスイングをするよう心がけましょう。

フォワードプレスには、ストロークのテンポをつくるというメリットもあります。たとえば、上りのラインでグリーンが遅い場合やロングパットでは、フォワードプレスのテンポが速く、グ

5-3

パッティングのテンポを司る「フォワードプレス」

「イチ」で、グリップエンドを目標方向にプッシュする

「ニ」でグリップと胸骨を一緒に動かし、バックスイング

メリット1

パターヘッドのロフトを立たせる＝－４度のロフトでインパクトすると、最適な転がりを得られる

メリット2

ストロークのテンポをつくる

リップエンドの移動距離も大きくなります。それに連動して、ストロークのテンポも速くなります。

逆に、下りのラインでグリーンが速い場合は、フォワードプレスのテンポはゆっくりで、グリップエンドが動く距離も小さくなります。その結果、ストロークもゆっくりとしたテンポになるのです。

フォワードプレスは、パッティングのテンポを司《つかさど》る大事な動作でもあります。距離や傾斜、グリーンの速さなどによって、フォワードプレスでのグリップエンドの動きが変化するということを覚えておいてください。

鉄則は「バックスイング1対フォロースイング2」の振り幅

押し型ストロークでは、バックスイング時に「ヘッドを真っすぐ後ろに引こう」などと考える必要はありません。手でクラブを引くと、ヘッドが揺れてしまいます。

G1メソッドでは、バックスイングのことはいっさい考えません。クラブのしなりを感じることができれば、ヘッドは勝手に、低く上がっていきます。

ストロークで意識するのは、次の二つです。

①バックスイングでヘッドが上がっていくスピードと、ダウンスイングでヘッドが戻ってくるス

ピードは変えない。ただし、インパクトからフォローにかけてはスムーズに加速する。
②したがって、バックスイングが1に対してフォロースイングが2の振り幅となり、フォローのほうが長いストロークになる。
クラブのしなりを感じながら、この二つのことだけに集中してバックスイングをおこないます。

クラブを上げて戻すときに、ヘッドのスピードは絶対に変えてはいけません。切り返しでヘッドのスピードが速くなると、インパクトでパンチが入ってしまい、距離感が一定しないからです。

また、手首を使ってヘッドのスピードを上げると、ヘッドが手元を追い越してしまい、せっかくフォワードプレスによってつくられたハンドファーストの状態が、インパクトではハンドレイトになってしまいます。これでは、ロフトが寝た状態でボールに当たることになります。

バックスイングとフォロースイングの振り幅は、つねに1対2で一定です（図５－４）。距離が変わっても、この振り幅の比率は変わりません。ショートパットでもロングパットでも、つねにバックスイング1対フォロースイング2の振り幅の比率でストロークします。

クラブのしなりを感じて振ると、自然とこの振り幅の比率になるのです。フォロー側でゆるまないように、スムーズに加速しながらボールを押していきましょう。フォローが出ないと不安定

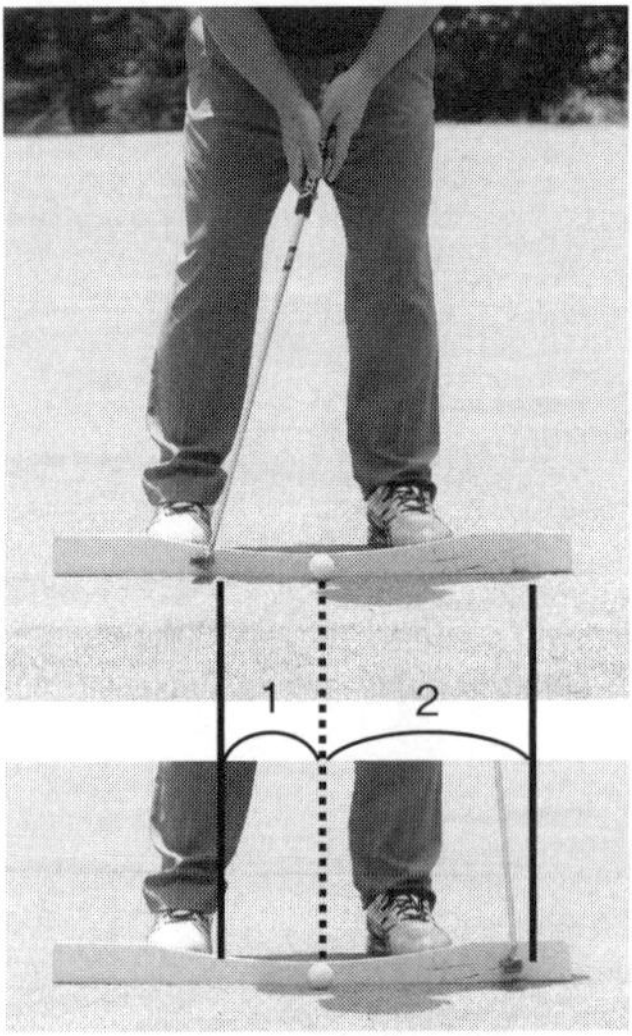

5-4

パッティングの鉄則は「バックスイング1対フォロースイング2」の振り幅

バックスイングとフォロースイングの振り幅は、つねに1対2で一定。距離が変わっても、この振り幅の比率は変わらない！

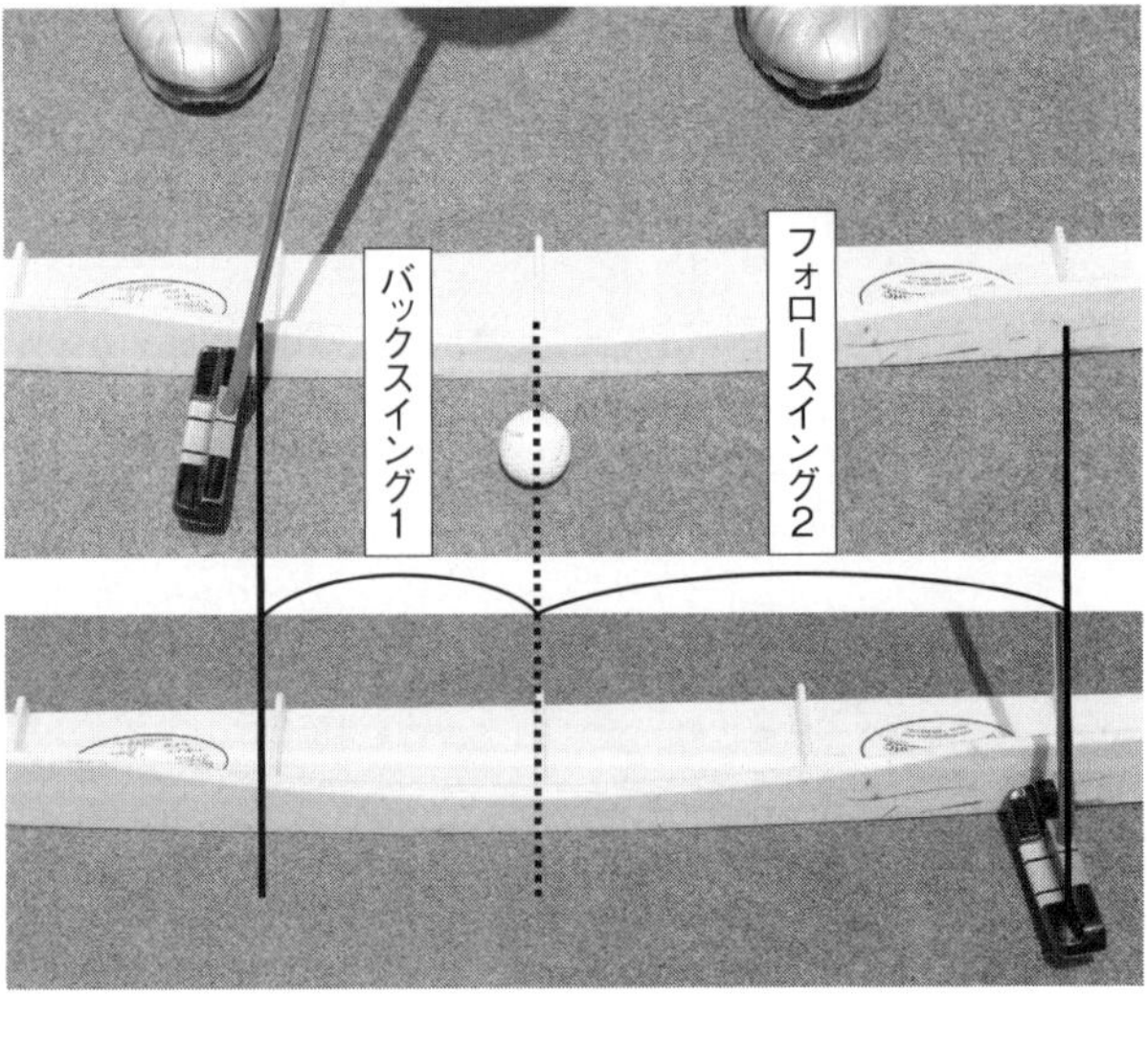

なサイドスピンがかかり、カップに届かなかったり蹴られたりといったミスが起こります。

転がりのいいボールが打てる理由

押し型ストロークのインパクトは、フォワードプレスでつくったハンドファーストの状態を保ったまま、ボールの下側を押していくイメージです。マイナス４度前後のロフトでフェースがやや被っているため、下側を押していくイメージでボールの赤道付近にパターヘッドが当たり、ボールの芯を打ち抜くことができます。

先述したとおり、振り子型ストロークでは、ヘッドが最下点を過ぎた上がり際にボールと当たるため、インパクトロフトは通常のロフトよりも大きくなります。しかも、ボールの芯ではなく、上側を擦るわけですから、転がりのいいボールは打てません。押し型ストロークのハンドファーストの状態でボールの芯を打ち抜いたほうが、ボールとフェース面の垂直抗力が大きいためにしっかりとボールを押すことができ、転がりのいいボールが打てるのです。

ヘッドがボールに当たったとき、左手の甲にやわらかいインパクトを感じるようになったらしめたものです。しなりを使ってストロークすることができている証拠だからです。

小さなしなりを入れてストロークをおこなうと、つねにインパクトでロフトが同じ状態でボールを押すことができるので、距離感も合ってきます。逆に、インパクトでロフトが変わると、そのたびにボールに伝わる力が変化し、距離がバラつきます。

押し型ストロークは、ボールをヒットして終わりではありません。慣性でターゲット方向に進もうとするヘッドの動きを妨げないように、フェース面でボールを「低く、長く」押していきます。この、インパクト後にフェースでボールを押していく動きが、「押し型」ストロークとよばれるゆえんです。パターヘッドの慣性を利用して、ボールをスーッと押してあげるのです。

そのため、振り子型ストロークに比べて、左手の甲の動く距離が長くなります。フォローでは左手首とグリップの左側面がくっついているような感覚で、左手の甲を前に出していきます。

フォローは「左脇が開く」が正解

押し型ストロークにおけるフォローのポイントは、両手の使い方にあります。

バックスイング時の両手の使い方には、基本的に左右の違いはありません。両ひじを曲げたまま、胸骨を軸とした振り子バランスで、ヘッドを低く上げていきます。両ひじと身体の距離も、およそこぶし一つ分で変わりません。

それに対して、フォローでは、右手と左手で使い方が異なります。

右手は、ヘッドの慣性によって引っぱられ、右ひじがスッと伸びます。距離が長くなればなるほど振り幅が大きくなるため、右ひじはより伸ばされます。絶対に、右ひじを曲げたまま使わないでください。クラブが慣性を失い、手でヘッドを持ち上げるようなストロークになってしまいます。

右手の役割は、クラブの「戻り」を感じて、その慣性を殺さないように、クラブが動きたい方向にスッとヘッドを押し出してあげることです。ヘッドが慣性を失わず、スムーズに加速していくようなイメージです。その間、グリップ圧は一定で、変化しません。「ちょっと力をゆるめたらクラブが地面に落ちる」くらいのグリップ圧を最後まで保ちます。

左手は、ひじを曲げたままパターヘッドが左手の甲よりも前に出ないようにハンドファーストをキープし、ヘッドをターゲット方向に低く押していきます。そのため、フォローでは左ひじが徐々に脇腹から離れていき、左脇が開きます。

左脇を締め、左ひじを脇腹につけたままフォローを出そうとすると、左手首が甲側に折れて背屈し、ヘッドが急上昇します。そのため、ボールを押すことができません。パッティングのフォローは、左脇が開くのが正解です。振り幅が大きくなればなるほど、左脇は大きく開きます。

ボールの下をしっかりと押していくためには、絶対に左ひじを持ち上げてはいけません。左ひじを低く保ったまま、左手の甲を先行させて、ヘッドを「低く、長く」押していきましょう。

この左手の使い方を覚えるためには、サンドウェッジを使って、左手１本でパッティングするドリルが効果的です。サンドウェッジの刃の部分をボールの赤道に当てて、ボールを押していきます（図5－5）。

基本的な打ち方は、パターを使うときと同じです。グリップエンドを5～7㎝前に倒してフォワードプレスし、フォローでは左手の甲を先行させてハンドファーストの状態を保ったまま、ボールを刃の部分で押していきます。

ただし、サンドウェッジはパターよりもシャフトが長いので、構えたときのボールの位置が遠くなります。そのためクラブヘッドは、パターよりも曲がりの大きいアークを描いて動きます。そのぶん、フォローで左手の甲がターゲットの左を指し、フック回転をかけるイメージが強くなります。

押し型ストロークのパッティングでは、このフック回転をかけるイメージが正解です。グリップとヘッドのズレを感じて、押しながらヘッドで包み込むのが押し型ストロークの基本だからです。ボールにフック回転をかけるイメージで打つと、きれいな順回転になります。

このとき、ターゲット側から見ると、「グリップ」が左前腕部に隠れます。左手首内側と「グリップ」の左側面とのすき間は1㎝ぐらい、もしくは「グリップ」の左側面が腕に触れていてもかまいません。グリップエンドが腕から離れたら、手首を使っている証拠です。手首が折れるとハンドレイトの状態になり、フェースがボールの下に入ってしまうため、刃でうまくボールを打つことができません。

5-5

パッティングの「左手の使い方」をマスターせよ

パターよりシャフトが長いサンドウェッジは、ボールの位置が遠くなり、クラブヘッドの軌道はパターより曲がりが大きなアークを描く

グリップエンドを５～７㎝フォワードプレスし、左手の甲を先行させて、サンドウェッジの刃の部分でボールの赤道を押していく

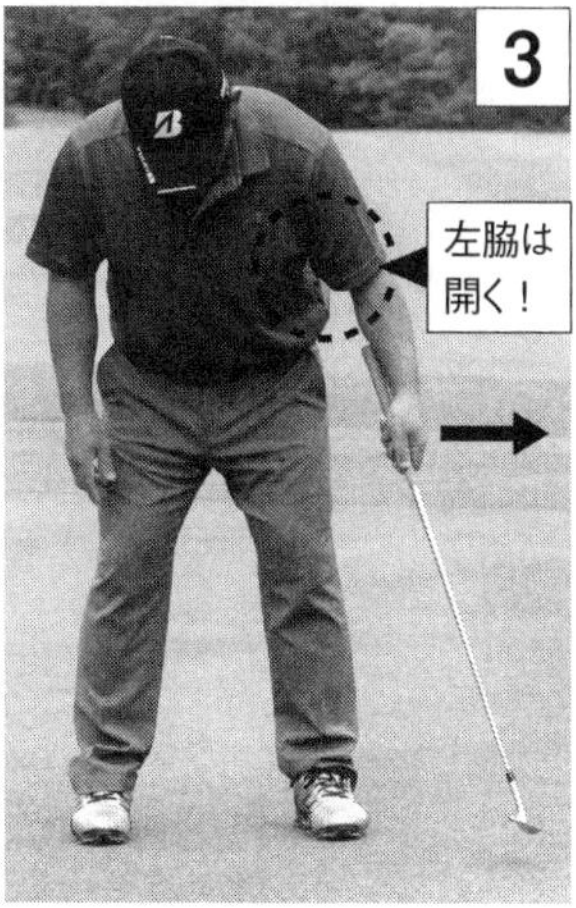

フォローで左手の甲がターゲットの左を指す。フック回転をかけるイメージ。左脇は開くのが正解！

自宅のカーペットの上などにボールの空き箱をセット。1～3mの距離から、連続3個のボールをジャストタッチで箱の中に入れる練習が効果的です。ぜひチャレンジしてください。

「左手の甲の打感」で距離感を合わせる

最近、中尺のパターの「グリップ」を左腕に密着させ、左腕を固定してストロークする「アームロック」スタイルのパッティングが流行しています。

マット・クーチャーやブライソン・デシャンボー、ウェブ・シンプソンなどが、このアームロックスタイルのパッティングを取り入れていますが、私が推奨する押し型ストロークでの左手の使い方も、感覚的にはそれに近いと考えています。

左ひじのリードを意識しながら、左手の甲でスッとボールを押していきます。左手の甲でインパクトの打感をダイレクトに感じられるようになると、距離感がつかめてきます。

ドリルをもう一つ、紹介しましょう（図5－6）。

右手にサンドウェッジ、左手にパターを持ち、アドレスしてください。その体勢から両開きの引き戸をこじ開けるときのようなイメージで、両手の甲を反対方向に向けて、シンメトリーに動かしていきます。最低でもそれぞれ20㎝はソールで地面を擦るように、ヘッドを低く動かしてください。このときの左手の動きが、フォローでの正しい左手の使い方になります。

5-6 「左手の甲の打感」をつかむ両手ドリル

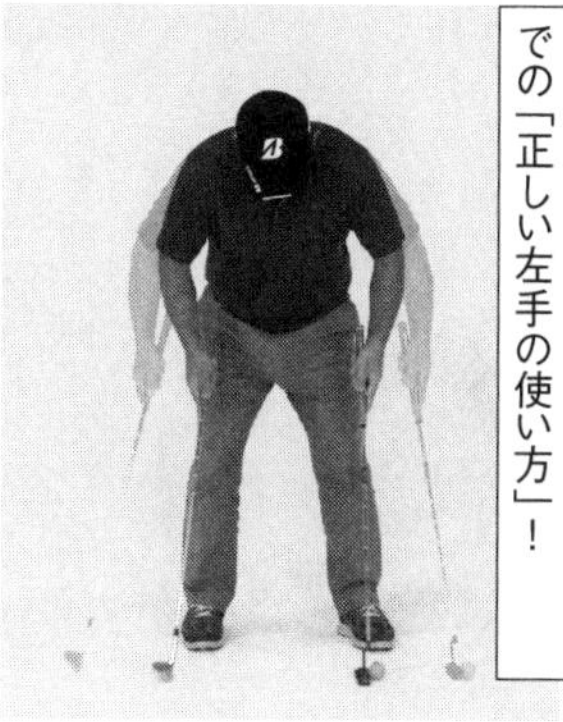

このときの左手の動きが、フォローでの「正しい左手の使い方」!

1 右手にサンドウェッジ、左手にパターを持ってアドレス。両手の甲を反対方向に向けて、シンメトリーに動かしていく

2 両クラブとも、最低でも20cmはソールで地面を擦るように、ヘッドを低く動かす

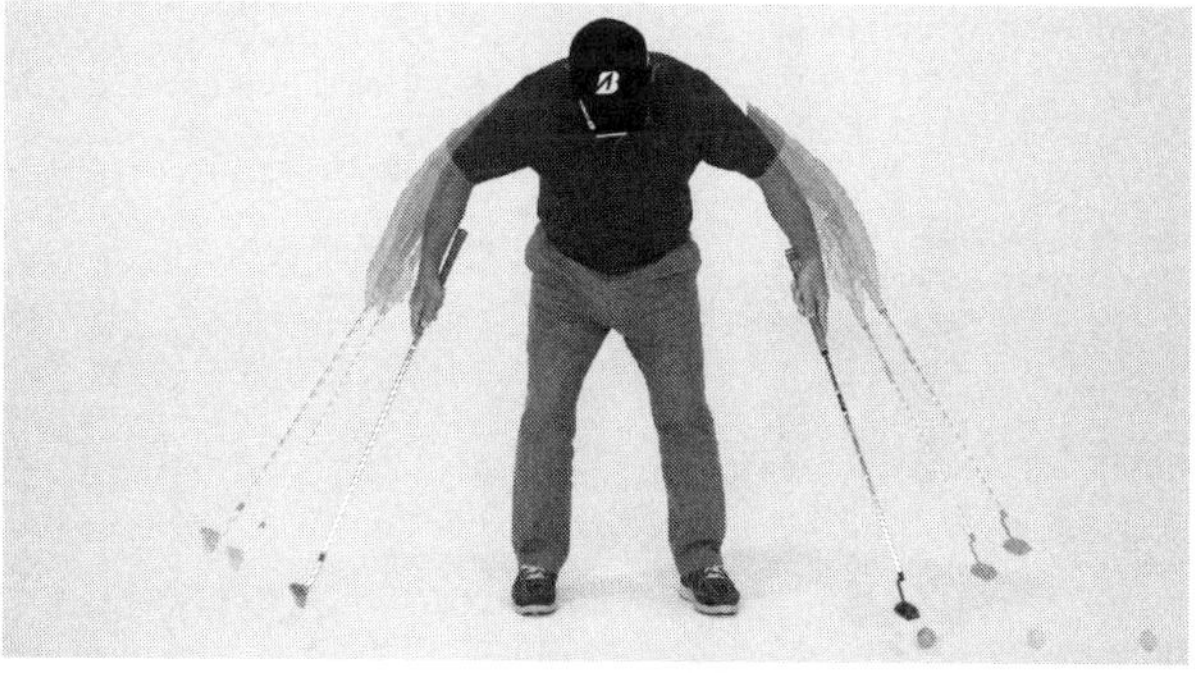

3 両手の動きが協応すると、胸骨を軸とした体幹の動きとマッチして、ボールを「低く、長く」押していくことができる。クラブの慣性で打たれたボールは、非常にやわらかく、直進力がある!

右手と左手の動きが協応すると、胸骨を軸とした体幹の動きとマッチし、ボールを「低く、長く」押していくことができます。クラブの慣性で打たれたボールは、非常にやわらかいうえに直進力があります。ガラスの上をスッと滑っていくように、止まりそうでなかなか止まりません。

ボールを「低く、長く」押していく感覚が養える、お勧めのドリルもあります。

アドレスをしたら、バックスイングをせずにボールを押して、3～4m転がしてください。フォワードプレスをしたら、そのままボールを押していくイメージです。

ストロークが終わったら、そのままパターヘッドを地面に落とします。ヘッドと地面との落差が大きい人は、手首を使ってヘッドを高く上げてしまっている証拠です。ヘッドが高い位置に上がり、フェース面が上を向いている人は、ボールを押すことができません。

一方、ボールを低く押せている人は、5mくらいボールを転がしても、パターヘッドがくるぶしの高さくらいまでしか上がらないので、ヘッドを落としてもあまり落差を感じません。しっかりと低く押すことができれば、自分から見てフェース面は見えず、少しだけ左を向きます。

バックスイングなしでボールを押すドリルを通じて、くるぶしの高さまでしかパターヘッドが上がらない「低いフォロー」を体得しましょう。

クローグリップで「押し型ストロークの感覚」をつかむ

近年、流行《はや》りの「クローグリップ」でパッティングをおこなうと、押し型ストロークの感覚、クラブのしなりを感じ、バックスイング1に対してフォロースイング2の振り幅で、「低く、長く」ボールを押していく感覚がさらによくわかります。

「クロー（Claw）」とは、英語で「鷹《たか》や鷲の鋭く曲がったカギ爪」、あるいは「蟹《かに》のハサミ」を意味する言葉です。右打ちの場合、右手を蟹のハサミのような形でクラブに添えるグリップを、クローグリップとよんでいます。

最近はPGAツアーでも、クローグリップを採用する選手が増えています。フィル・ミケルソンやジャスティン・ローズ、アダム・スコットなども、クローグリップを採り入れています。

しかし、クローグリップと聞いて、真っ先に思い浮かぶのは、やはりクリス・ディマルコでしょう。2005年のマスターズでタイガー・ウッズとプレーオフで優勝を争い、死闘を繰り広げたプレーヤーです。

じつは私は、学生時代に日米親善試合でディマルコとラウンドしたことがあります。そのとき、直々に彼のクローグリップを教わりました。

ふだんからクローグリップでパッティングをしていなくても、クローグリップで練習することで、押し型ストロークの感覚をつかみやすいメリットがあります。そこで、ディマルコ直伝のクローグリップを、みなさんに紹介しておきましょう（図5－7）。

クローグリップで「押し型ストロークの感覚」を習得

5-7

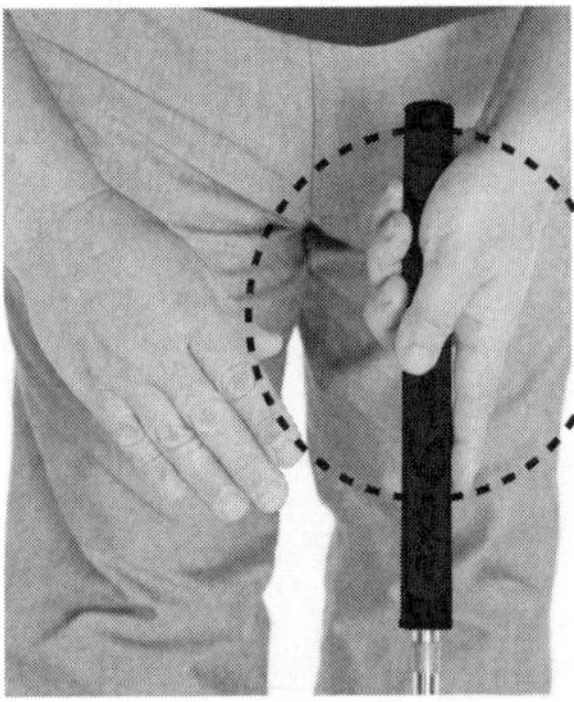

左手は通常のグリップと同じウィークグリップ

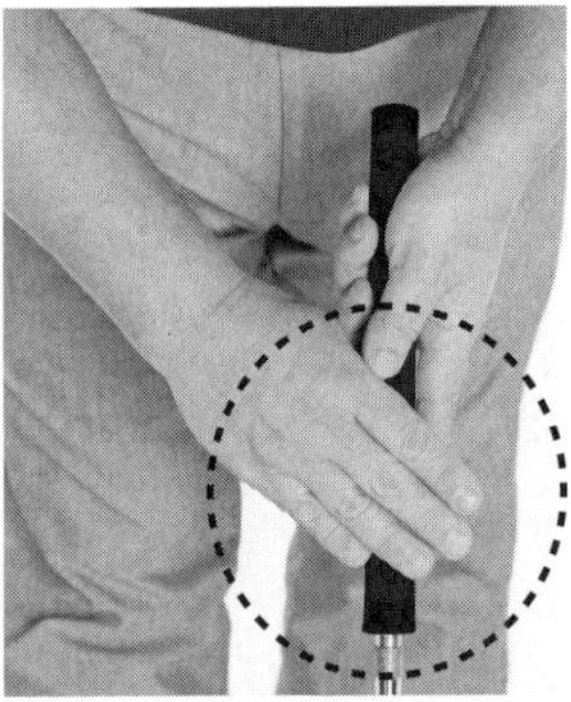

右手は、人差し指、中指、薬指、小指の4本をそろえて伸ばし、親指と人差し指でやわらかく「グリップ」を挟む。ギュッと強く挟むのは厳禁！

クローグリップでも、「バックスイング1対フォロースイング2」の振り幅

クローグリップが通常のグリップと違うのは、右手だけです。左手は通常のグリップと同じように握り、人差し指を「グリップ」の側面に当てます。手首が折れやすい人は、左手の人差し指を伸ばしておくと左手首が甲側に折れにくくなり、フェース面が上を向くことを防いでくれます。

右手は、人差し指、中指、薬指、小指の４本をそろえて伸ばし、親指と人差し指でやわらかく「グリップ」を挟みます。ただし、ギュッと挟んではいけません。クラブをギュッと挟んでしまうと、しなりを感じてストロークすることができなくなります。

親指の第一関節付近を「グリップ」の下側に当てて、人差し指、中指、薬指の第二関節付近を「グリップ」の上側に斜めに添える感じです。右手を深く入れて、「グリップ」を親指と人差し指のあいだの股に当てないようにしてください。「グリップ」を親指と人差し指の股にくっつけてしまうと、余計な力が入ってしまうからです。右手は必ず、「グリップ」とのあいだにすき間が空くように添えます。

このクローグリップでぜひ、押し型ストロークの練習をやってみてください。この練習を継続的におこなうと、通常のグリップでも、しなりを使ってクラブの慣性でボールを打つ感覚がわかります。クラブの慣性で打たれたボールはとてもやわらかで、なおかつ、直進力のある順回転で転がっていきます。

ボールは〝流し目〟で追う——「頭は動かさない」が大原則

フォローでの注意点をもう一つ、挙げておきます。「頭を動かさない」ことです。顔を下に向けたまま、なるべく頭を動かさないようにして〝流し目〟でボールを追います。ボールが視界から消えるところまできたら、前傾を保ったまま（頭の高さは変えずに）顔だけを時計回りに回して、右目で下からボールを追うようにします。

カップまで3ｍくらいまでの距離であれば、目線だけでボールを追うことができます。逆にいえば、カップまで3ｍ以内のパッティングであれば、まったく顔を動かさないほうがいいということです。3ｍ以上の場合は、頭の高さは変えずに顔を時計回りに回して、右目で下からボールを追うようにしてください。

頭を動かさずに流し目でボールを見るためのドリルも紹介しておきます。

このドリルは二人でおこないます。まず1ｍぐらい離れて立ち、お互いに向かい合います。パッティングのアドレスをとったら、サポートをしてくれる人に両手で頭を押さえてもらってください。サポートする人は、両腕を伸ばして両手で頭の側面を挟みます。

準備ができたら、右手だけでパターを持ち、左手の人差し指、中指、薬指を胸骨に当てて、胸骨とグリップエンドの動きが同調するように回して肩を上下させ、振り子のストロークをおこないます。パターヘッドの動きにつられて頭も振ってしまう人が多いのですが、頭を動かしてはいけません。必ず顔を真下に向けたまま、ストロークしてください。

ボールを打ったら、頭を動かさずに流し目でボールを追います。目でボールが追えなくなったら、ようやく顔を時計回りに回して右目で下からボールを見るようにします。

パンチを入れてボールを「パチン」とヒットするタイプの人は、初速が速いため、流し目でボールを追うことができません。そのため、インパクト後にすぐ頭を動かしてボールを追ってしまいがちです。

対照的に、やわらかいタッチで転がせる人はボールがゆっくりと転がりはじめるので、余裕をもって流し目で追うことができます。

このボールの追い方ができるようになると、距離感も合ってきます。ギリギリまで頭を動かさずに流し目でボールを追い、追えなくなったら顔を回して右目で下からボールを追っていくタイミングを、ぜひつかんでください。

また、有効視野は加齢とともにだんだん狭くなってきます。平均的に3m程度は、頭を動かさずにボールを流し目で追えると思いますが、なかには1～2m先ぐらいまでしか見えない人もいらっしゃるでしょう。有効視野をなるべく広く保つために、ふだんから眼球をしっかり動かして、流し目で動くモノを追う訓練をすることをお勧めします。

「ボールを包み込んで打つ」感覚を養う

最後に、正しく押し型ストロークをおこなったときにヘッドが動く軌道をもう一度、確認しておきましょう。

「ヘッドを真っすぐに出してください」というと、ターゲットラインに対してパターヘッドが直角の状態を保ったまま動くスイング軌道をイメージしませんか。しかし、これは間違いです。

ターゲットラインに対してパターヘッドを直角のまま動かそうとすると、バックスイングでフェースが閉じ、フォローではフェースが開いてしまいます。結果的に、ボールは狙ったところより右に行ってしまいます。

押し型ストロークのパッティングでは、バックスイングでフェースがやや開き、フォローではやや閉じるのが正解です。インパクトから先はフェースがやや左を向き、ボールを包み込むようなイメージになります。ただし、ヘッドよりも手元が先行するハンドファーストの状態なので、自分からはフェース面は見えません。

フォローでフェース面が見えてしまう人は、手元よりもヘッドが先行するハンドレイトの状態になっている証拠です。ハンドレイトの場合、インパクトロフトが大きくなってしまうため、ボールに適切な転がりが得られません。

257ページで左手の使い方を覚えるドリルとして紹介した、サンドウェッジを使って刃の部分でパッティングする練習をすると、「ボールを包み込んで打つ」感覚がよくわかります。サンドウェッジはパターよりもシャフトが長く、ボールとの距離が離れるため、スイング軌道はよりはっきりと曲線を描きます。そのため、ボールを包み込む感覚がパターよりもつかみやすいのです。

先ほどのドリルは左手一本でおこないましたが、両手でグリップしてストロークしても、感覚は変わりません。ハンドファーストの状態を保ったままボールを押していくと、フォローでフェースが左を向き、ボールを包み込む感覚があるはずです。フェースを無理にターゲットラインと直角に合わせようとすると、ボールは目標よりも右に行ってしまいます。

パターに持ち替えても、「ボールを包み込む」感覚は変わりません（図5－8）。私のレッスンでは、「パッティングはボールにフック回転を与えるイメージで打ってください」と教えています。クラブが自分の身体を追い越して（パスして）いくようなイメージです。

ボールと一緒に頭も動いてしまうと、クラブが身体を追い越しません。頭を動かさずに、クラブが身体を追い越すようにストロークすると、スイング軌道がゆるやかなアークを描いて「ボールを包み込む」感覚になり、最後はフェースがやや左を向きます。そのため、フックボールを打つようなイメージがあるのですが、実際には、ボールは順回転で転がっていきます。カップに近づいてから「スッ」ともうひと伸びする、やわらかくて伸びのいいボールが打てるようになりま

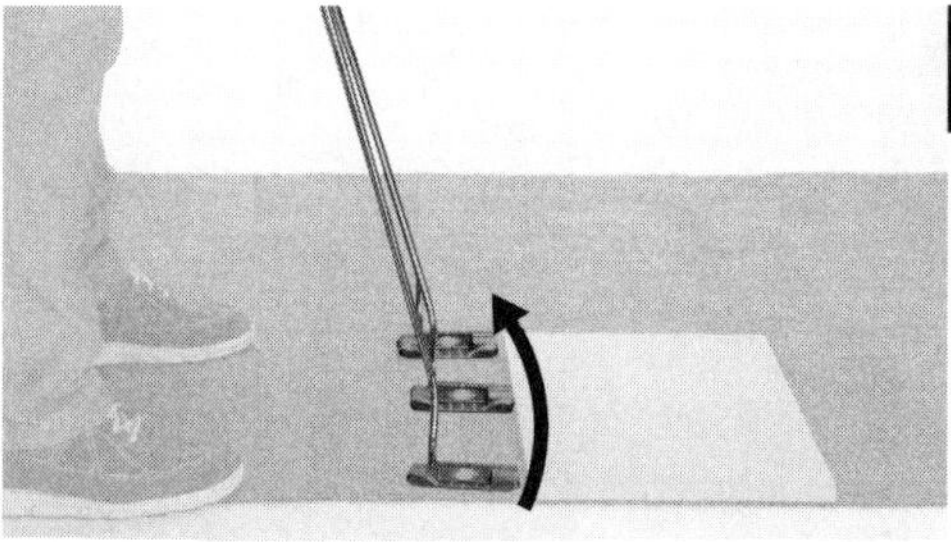

ハンドファーストの状態を保ったままボールを押していくと、フォローでフェースが左を向き、ボールを包み込む感覚がある

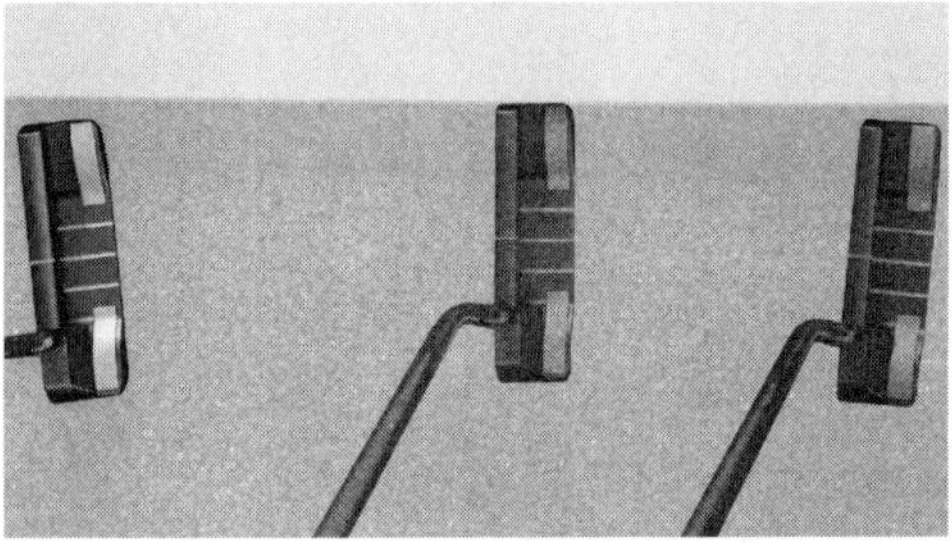

「ボールを包み込む」＝パッティングはボールにフック回転を与えるイメージ

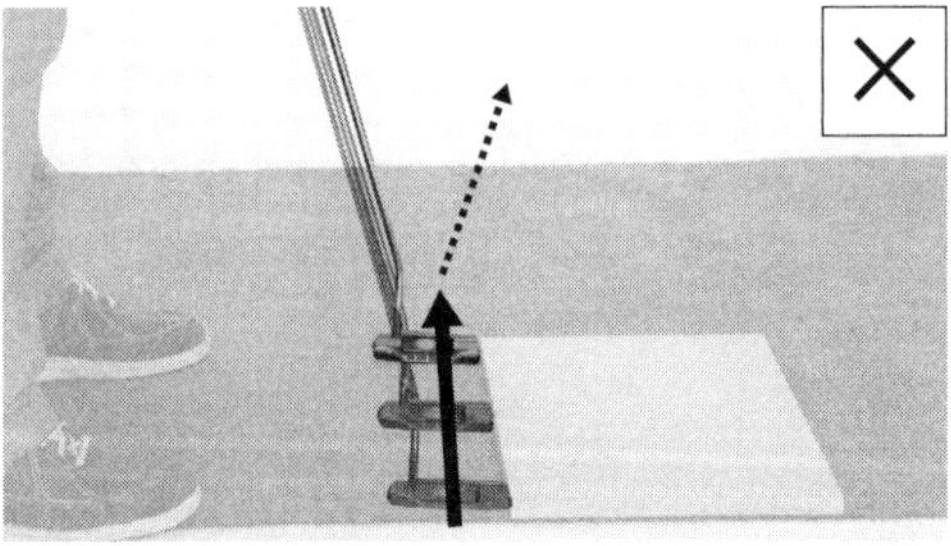

ターゲットラインに対してパターヘッドを直角のまま動かそうとすると、ボールは狙ったところより右に行ってしまう

す。

ぜひ繰り返し練習して、押し型ストロークのパッティングを自分のものにしてください。

パッティングのプレショットルーティン

通常のショットと同様、パッティングもつねに同じリズムで打ちたいものです。そこで、ここでは私がおこなっているパッティングのプレショットルーティン、すなわち、準備動作を紹介したいと思います。

カップとボールを結んだ延長線上に、ボールから自分の身長分だけ離れて立ちます。その位置でカップと正対し、カップを見ながら3回、素振りをしてください。このとき、仮想ラインを頭に描き、転がりをイメージしながら素振りをおこなうことが重要です。

素振りが終わったら、ヘッドを少し持ち上げて左手でフェースを触り、フェース面にゴミなどが付着していないかチェックします。私は、このとき同時に、「入ってくれよ」と思いを込めるようにしています。

続いて、ボールに対してやや左側から回り込み、スタンスをとります。このときのポイントは二つあります。

一つは、「頭の高さを変えない」ことです。素振りをしたときの頭の高さを保ったまま、ボールに近づきます。

もう一つのポイントは、「クラブの動かし方」です。フェース面を触った後、いったん元の位置にパターヘッドを戻したら、右手一本でクラブを持ち、左側から斜めにボールの前に回り込みます。その際、ヘッドを置いたまま先に足を動かすことがポイントです。クラブヘッドは最後に動かし、フェースを直角にしたまま飛球線をなぞるように直線的にボールの位置に寄せてきてください。

ボールの前に来たら、いったん両足をそろえて立ちます。その後、先に左足、次に右足の順番で足を横に開いたらセットアップは完了。もう一度カップを見て、目線がボールに戻ったら、間髪入れずにフォワードプレスを入れてストロークを開始します。

これが私のパッティングでのプレショットルーティンです。みなさんも参考にしてみてください。

5-4 長短を打ち分ける技術

ショートパット——フォローでヘッドを加速させるべし

この節からは、状況に応じた具体的なパットの打ち方を解説していきます。

最初は「ショートパット」です（図5-9）。ショートパットのポイントは、フォローでしっかりヘッドを加速させ、バックスイング1に対して、フォロー2の振り幅を徹底することです。私の場合、平坦なライで1・5mほどの距離ならば、バックスイングが10cm、フォロースイングがその倍の20cmぐらいの振り幅にしています。

クラブを引いて戻すまでのヘッドスピードは一定ですが、インパクト以降はスムーズに加速させます。1・5m程度の短い距離であれば、フォロー側でスムーズにヘッドを加速できたら、まずカップを外すことはありません。

ショートパットでは、カップにボールが入る音を聞くまで、顔を動かしてはいけません。ボールを追う場合は、顔を下に向けたまま流し目で見るようにしてください。ボールの行方が気になって、すぐに顔を動かしてボールを追ってしまう人がいますが、顔が動くとスムーズにヘッドを加速させることができません。特に、短い距離のパットでのヘッドアップは禁物です。

振り幅は、鉄則の「バックスイング1対フォロー2」！

1 クラブを引いて戻すまでのヘッドスピードは一定

2 インパクト後は、スムーズに加速させていく

3 カップインの音を聞くまで、顔は動かさない。短い距離でのヘッドアップは禁物！

すぐに顔を動かしてボールを追うと、スムーズにヘッドを加速させることができない

ショートパットが苦手な人のもう一つの特徴は、「振り幅」にあります。「バックスイングが大きく、フォロースイングが小さい」のです。ヘッドが減速してボールに当たるため、ゆるんだインパクトになってしまいます。多くの場合、ボールは左に曲がり、カップの左に外れます。

逆に、「バックスイングが小さく、フォローが大きすぎる」場合には、ボールは右に出ます。あまり見かけませんが、小さなバックスイングから手を使ってフォローを加速させているようなケースです。

振り幅は、「バックスイング1に対してフォロースイングが2」が鉄則です。これを必ず守ってください。ショートパットでも、しっかりとフォワードプレスを入れてクラブのしなりを感じてストロークすることができれば、自然と1対2の振り幅になるはずです。

あとは絶対にヘッドアップしないこと。しっかりと顔の面を残して、フォローでスムーズにヘッドを加速させながら打つようにしましょう。

これができるようになれば、ショートパットのミスは激減します。ショートパットの成否はスコアアップに直結しますので、自信を持ってストロークできるまで練習してください。

ロングパット――「左サイドを動かさない」が大原則

次は「ロングパット」です（図5－10）。

ロングパットの打ち方は、２種類あります。「①大きくテイクバックしてストロークの大きさで打つ」タイプと、「②大きくフォワードプレスしてストロークのテンポを上げて打つ」タイプです。

ストロークのタイプでいえば、前者が「振り子型ストローク」、後者が「押し型ストローク」ということになります。Ｇ１メソッドでは当然、後者の押し型ストロークで、テンポを上げてロングパットを打つことを勧めています。

前述したとおり、フォワードプレスはストロークのテンポを司ります。押し型ストロークでは、フォワードプレスの速さと大きさを変えることで、適切な距離感を出すことができます。フォワードプレスを速く、大きくすることで、ストローク全体のテンポが速くなり、ボールを遠くまで転がすことができるのです。

フォワードプレスは、距離だけでなく、傾斜や芝目なども計算しておこないます。同じ距離でも、上りの傾斜で逆目であれば、フォワードプレスをさらに速く、大きくおこないますし、下りの傾斜で順目であれば、やや速さを抑えて、グリップエンドが動く距離も小さくします。

ロングパットでもう一つ大切なことは、「絶対に左サイドを動かさない」ことです。クラブの勢いに負けて左サイドが少しでも動いてしまうと、インパクトがブレます。ロングパットはヘッドスピードが速いぶん、フェースが閉じたり開いたりするなど、ちょっとしたインパクトの角度

5-10

大きくフォワードプレスして、ストロークのテンポを上げて打つ

距離や傾斜、芝目に応じて、フォワードプレスの大小を調整する

1 ボールが視界から消えるまで、ボールの行方は流し目で追い、絶対に頭を動かさない

2 インパクトにブレが生じないよう、絶対に左サイドを動かさない

のズレが大きなミスにつながってしまいます。

パターヘッドが前に出ていく力を、左サイドでしっかり受け止めてください。パターが前（ターゲット方向）に出ていく力と左サイドでそれを押し返す力で、押し合いへし合いする状態をつくるのです。

右手一本でパターを持ち、左手のひらを左脚太ももの外側に当てて、20mぐらい転がすつもりでストロークしてみましょう。左サイドがしっかりしていて左足が微動だにしないと、フォローで右ひじが伸びます。一方、左サイドが回ってしまうと、右ひじは伸びません。

パッティングの基本である「頭を動かさないこと」も大切です。ロングパットでも、打ち出しは顔を地面に向けたまま流し目でボールを追っていき、ボールが視界から消えて初めて、時計回りに顔を回して右目で下からボールを見るようにしてください。

超ロングパットなら、約3秒間の静止ののちに顔を回し、右目でボールを見るようにします。ロングパットは、左サイドと頭を動かさずに、大きなフォワードプレスからテンポを早めて打つ――。これを実践すれば、2打以内でカップインする確率がグッと高まります。ぜひ練習してみてください。

5-5 「下り」と「スライス」——二大難パットが得意になる秘訣

下り傾斜の速いライン——下りの恐怖を消す「ヘッドの芯外し」

「下り傾斜の速いライン」では、やや特殊な打ち方をします。といっても、ストロークを変えるわけではありません。フォワードプレスから1対2の振り幅でストロークすることは、ノーマルなパッティングと同じです。

下り傾斜の速いラインで変えるのは、「ボールの打点」です（図5-11上）。ちょっとボールに触っただけで2～3m転がってしまいそうな下り傾斜の速いラインでは、あえて「ヘッドの芯を外して」ボールを打ちます。芯を外して打つことで、同じストロークでも球の勢いを殺すことができます。

芯を外す方法は二つあります。「フェースの先っぽで打つ」か、「ボールの上側をヘッドで擦る」かのどちらかです。

ピン型タイプのパターを使っている人であれば、フェースの先で打つほうが打ちやすいかもしれません。私もフェースの先っぽで打つようにしていますが、基本的にはどちらの方法を選択してもかまいません。打ちやすいと感じるほうを選んでください。

「下り傾斜の速いライン」攻略の要は、「ボールの打点」にあり！

5-11

フェースの先っぽで打つ　　ボールの上側をヘッドで擦る

フォワードプレスは「ゆっくり、小さく」。ストロークもゆっくりしたテンポで

フェースの先っぽで打つ場合は、アドレスの時点で、ボールをフェースの先のほうに置いて構えます。ボールの上側を擦るときは、ヘッドを少し持ち上げて、ソールを地面から浮かせて構えてください。

どちらの方法を選んでも、フォワードプレスは「ゆっくり、小さく」おこないます（図5-11下）。そして、ゆっくりしたテンポでストロークします。

これまではタッチで距離を合わせようとしていた人も、芯を外すことを覚えれば、下りのパットが怖くなくなります。ぜひトライしてみてください。

スライスライン——スライスラインを制する者がパッティングを制す

ゴルフの世界には、「スライスラインを制する者がパッティングを制す」という格言があります。スライスラインが得意なことは、パッティングが上手なことの証なのです。

みなさんはふだん、スライスラインをどのように打っているでしょうか。

よく見かけるのは、カップより左に向いて構え、フェースを左に向けておきながら、インパクトの瞬間に少しフェースを開いて、カップに向かってヘッドを送り出すような打ち方をする人です。そのため、カップの右に外してしまうケースが非常に多い気がします。しかし、こういう打ち方をしていては、いつまで経ってもスライスラインは上達しません。

G1メソッドでは、曲がりをなるべく小さく読み、ストレートに近い形でスライスラインを打っていきます（図5－12下）。インパクトからフォローにかけて「ボールを包み込む」ようなイメージでフック回転をかけてスライスラインの曲がりを相殺することで、できるだけストレートラインに近づけてカップを狙うのです。

インパクトからフォローにかけてフェースがボールを包み込み、ヘッドが身体を通り過ぎていくようなイメージで打つと、スライスラインでも、それほどボールを膨らませる必要はありません。

試しに、スライスラインをサンドウェッジの刃でパッティングしてみてください（図5－12上）。先ほど紹介したように、ボールを包み込む感覚がわかるはずです。フォローでは若干フェースが閉じ、フック回転を打つようなイメージですが、実際には、順回転で転がりのいい、推進力の大きなボールになります。

サンドウェッジで練習して、ボールを包み込んでストロークする感覚をつかんだら、パターを使って同じように打ってみます。パターでも、「ボールを包み込む」感覚は変わりません。フックボールを打っていくイメージでスライスラインを相殺して、曲がりを薄くさせます。

このような練習を続けていくと、スライスラインが怖くなくなります。ぜひみなさんも、スライスラインでは、ボールにフック回転をかけるような気持ちで打ってみてください。

5-12 スライスラインを制する者がパッティングを制す！

サンドウェッジで「ボールを包み込む感覚」を確認。フォローで若干フェースが閉じ、フック回転を打つイメージが、順回転で転がりのいい、推進力の大きなボールを生む

NG！　スライス幅を大きく読みすぎ、インパクトでフェースの向きを調整すると、右に外してしまう

曲がりをなるべく小さく読み、ストレートに近い形でスライスラインを打つ。インパクトからフォローにかけて「ボールを包み込む」感覚で、フック回転をかけるイメージでスライスラインの曲がりを相殺する

集中力を鍛える連続パッティングドリル

最後に、超実践的なドリルを一つ、紹介しておきます。グリーン上に並べたボールを連続で打って、カップインさせるドリルです。

グリーンに置くボールは7個です。反時計回りに歩きながら、カップから30㎝、50㎝、70㎝、1m……と、20～30㎝ずつの間隔でボールを置いていきます。

ボールをセットしたら、いちばん手前のカップに近いボールから順番に打っていきます。距離が徐々に遠ざかるのと同時に、ラインも少しずつ変化します。その少しずつ変化する状況のなかで、必ず7個連続でボールをカップインさせるのです。

これは、オーストラリアで学生たちを教えていたときによくおこなったトレーニングです。7個連続で成功しないかぎり、いつまで経っても練習を切り上げられないルールで取り組むと、高い集中力が身につきます。

このトレーニングでは、通常のパッティングのプレショットルーティンはおこないません。ボールを打ったら、すぐ次のボールに移ってアドレスし、素振りをせずにパッティングし続けます。

重要なのは、「足の裏で地面の傾斜を感じる」ことです。次の球を打つところに移動しながら、足の裏で地面の傾斜を感じ、アドレスしたらすぐさま頭の中でラインを描くのです。

パッティングには技術はもちろん、集中力も欠かせません。ぜひみなさんも、この連続パッティングドリルを通じて、高い集中力を養ってください。

N.D.C.783　285p　18cm

ブルーバックス　B-2131

世《せ》界《かい》標《ひょう》準《じゅん》のスイングが身《み》につく
科《か》学《がく》的《てき》ゴルフ上《じょう》達《たつ》法《ほう》　実《じつ》践《せん》編《へん》

2020年 6 月20日　第1刷発行

著者　板《いた》橋《ばし》　繁《しげる》
発行者　渡瀬昌彦
発行所　株式会社講談社
〒112-8001　東京都文京区音羽2-12-21
電話　出版　03-5395-3524
販売　03-5395-4415
業務　03-5395-3615
印刷所　（本文印刷）株式会社新藤慶昌堂
（カバー表紙印刷）信毎書籍印刷株式会社
製本所　株式会社国宝社

定価はカバーに表示してあります。

ISBN978－4－06－519163－7

発刊のことば

科学をあなたのポケットに

二十世紀最大の特色は、それが科学時代であるということです。科学は日に日に進歩を続け、止まるところを知りません。ひと昔前の夢物語もどんどん現実化しており、今やわれわれの生活のすべてが、科学によってゆり動かされているといっても過言ではないでしょう。

そのような背景を考えれば、学者や学生はもちろん、産業人も、セールスマンも、ジャーナリストも、家庭の主婦も、みんなが科学を知らなければ、時代の流れに逆らうことになるでしょう。

ブルーバックス発刊の意義と必然性はそこにあります。このシリーズは、読む人に科学的に物を考える習慣と、科学的に物を見る目を養っていただくことを最大の目標にしています。そのためには、単に原理や法則の解説に終始するのではなくて、政治や経済など、社会科学や人文科学にも関連させて、広い視野から問題を追究していきます。科学はむずかしいという先入観を改める表現と構成、それも類書にないブルーバックスの特色であると信じます。

一九六三年九月

野間省一